GAOSU GONGLU

YUWOGUO XINNONGCUN FAZHAN

高速公路
与我国新农村发展

夏 飞 韩玉启 袁 洁◎著

中国社会科学出版社

图书在版编目（CIP）数据

高速公路与我国新农村发展/夏飞、韩玉启、袁洁著. —北京：
中国社会科学出版社，2009.10
　ISBN 978-7-5004-7804-1

　Ⅰ. 高…　　Ⅱ. ①夏…②韩…③袁…　　Ⅲ. 高速公路—影响—农村
经济—经济发展—研究—中国　　Ⅳ. F542　F32

中国版本图书馆 CIP 数据核字（2009）第 080875 号

责任编辑　　王　　曦
责任校对　　易　　凡
封面设计　　李尘工作室
技术编辑　　戴　宽

出版发行　　中国社会科学出版社
社　　址　　北京鼓楼西大街甲 158 号　　邮　编　　100720
电　　话　　010—84029450（邮购）
网　　址　　http://www.csspw.cn
经　　销　　新华书店
印　　刷　　新魏印刷厂　　　　　　　　装　订　　广增装订厂
版　　次　　2009 年 10 月第 1 版　　　　印　次　　2009 年 10 月第 1 次印刷
开　　本　　880×1230　1/32
印　　张　　8.375　　　　　　　　　　　插　页　　2
字　　数　　218 千字
定　　价　　22.00 元

前言

新农村发展研究的新视角

  纵观整个国家现代化进程，农业、农村和农民的"三农"问题依然非常突出，依然是严重制约我国现代化发展的"瓶颈"。党的十六届三中全会确定了将建设社会主义新农村作为我国现代化进程中的重大历史任务，这是关乎我国现代化发展大局的历史性的战略决策。我国新农村建设发展路径有诸多选择，学术界也有诸多研究。在诸多研究中，夏飞博士和导师韩玉启教授合著的《高速公路与我国新农村发展》提供了一种新的视角。

  首先，作者基于我国农村发展实践过程对我国新农村发展的路径进行了新的思考，提出了适合我国国情的"二元—三元——一元"的农村经济发展模式以及与之相适应的"工业化—城镇化—现代化"的发展链理论观点。中国传统经济呈典型的二元结构特征。但以江浙等地农村为代表的一定程度上自发发展的农村非农经济尤其是农村工业的发展壮大，使传统农业和城市现代化经济部门之间增加了新的经济活动部门，突破了传统的二元经济结构，使农村非农经济部门成为经济体系中较为独立的新的"一元"。"三元"的划分和提出，是我国经济发展实践的产物，是二元经济结构论在新的经济结构状态下的发展，揭示了适合我国国情的农村经济发展模式是一种"二元—三元——一元（城乡一体化）"的较为自然的逐步过渡的发展模式。在此理论模式基础上，作者进一步提出了与之相适应的"工业化—城镇化—现代化"的发展链的理论观点。工业化是农村经济发展链的第一环节，对农村城镇化、现代化有基础性作用。农村城镇化在广义上与城市化、都市化、非农化没什么区别，是农业人口转移为非农业人口或城镇人口的过程；在经济结构的角度上，它是变"二元"为"三元"又是从"三元"过渡到"一元"的主要力量主体，是"三元"结构中的一种具体形态。而农村现代化则是一个不断发展的概念，是"三元"过渡到"一元"，实现城乡一体化发展的动态过程。

其次，作者就高速公路对我国农村经济发展的影响进行了深入、系统的研究，既开辟了高速公路经济研究的新领域，也开辟了我国新农村发展研究的新视角。高速公路，作为现代交通运输发展的产物，对区域经济社会发展具有重要的影响和推动作用，并在其沿线地区逐渐形成高速公路经济带，国内外学者对这一现象进行了研究，提出了高速公路经济带的基本理论。然而，在这些研究中，并未发现有高速公路对农村经济特别是我国农村经济产生影响的专门的、系统的研究，因此，本著作的研究具有很高的开拓价值和创新价值。作者在对高速公路经济带基本理论和农村经济发展理论进行创新的基础上，系统地研究和提出了高速公路对农村经济发展的影响机制、规律和模式。高速公路通过集聚和扩散机制对农村经济发展产生影响，两种机制对立统一、互为条件、互为补充、共同作用，推动高速公路沿线农村经济发展和高速公路经济带空间地域的不断扩大。高速公路对农村经济的影响具有显著的时空规律和特征，从时间上看，具有四个阶段（起飞、形成、发展、成熟）的演进特征；从空间上看，则以"点—片—带"的模式发展演进。为了便于对高速公路的影响和作用进行具体的定量分析，作者还构建了基于时间和运费的高速公路经济带空间界定模型。根据高速公路对农村经济的影响机理与模式，进而全面而具体地分析了高速公路对我国农村工业化、城镇化、现代化以及这一过程中农村剩余劳动力转移的影响和作用。最后，提出了更好地发挥高速公路的影响和作用，促进我国农村经济发展的一系列政策建议。

此外，在研究方法上，本著作将一般规范研究与实证分析相结合，形成了较重要的特色和创新。一般规范研究是依据本著作构建的理论基础，遵循现状分析—机理分析—高速公路经济带影响分析，全面分析了高速公路对我国农村经济的影响和作用；实证分析则选取了长潭高速公路经济带某一区域（洞井镇），具体论证了高速公路对农村经济发展的影响和作用。一般规范研究与实证分析相结合，对高速公路影响和作用的分析论证全面而又具体，使本著作提出的理论方法与实践得到了更为紧密的结合，加之大量的调研成果和数据资料的运用，从而使本著作在研究方法上形成了自己的特色。

诚然，本著作对我国新农村发展进行了较为独到的理论思考，就高速公路对我国农村经济发展的影响和作用进行了开创性的研究，取得了较重要的成果。但这也仅仅是个开始，与高速公路建设和我国新农村发展一样，研究将不断前进，永无止境。

目　录

第一章

导　论

第一节　研究背景

一　国外、国内（重点）高速公路发展概况

交通运输反映了人类克服自然阻力的能力，作为人流、物流和信息流的载体而纳入生产力的范畴，其发展水平是衡量一国或地区综合国力的重要内容之一。世界各国的社会经济发展进程无不伴随着交通运输方式多元化、交通运输技术先进化和交通运输体系高效化的发展。高速公路的出现被认为是现代公路运输发展的一个重要里程碑。《中国大百科全书》对高速公路的定义为：中央设置有一定宽度的分割带，两侧各配备两条或两条以上的车道，分别供大量汽车高速、持续、安全、舒适地运行，并全部设立体交叉和控制出入口的公路。高速公路这一交通基础设施在出现不到一百年的时间内得到了长足的发展，不仅使现代交通运输方式出现了重大变革，也对经过的相关区域的社会经济发展产生了深远的影响。美国、日本、德国、意大利等发达国家是较早建设高速公路的国家，也是高速公路网络最发达的国家。

汽车的发明以及汽车工业的发展是高速公路出现的原动力。继1885年发明第一辆四轮汽车后，德国人在1929—1932年间修建了一条真正意义上的高速公路——科隆—波恩高速公路，并于

1942 年建成了 3860 公里的高速公路里程,并致力于规划建设总长 6900 公里的"帝国高速公路网"。第二次世界大战后,民主德国、联邦德国高速公路经历了恢复重建和为适应交通需求的扩建、新建阶段。1985 年,联邦德国 5 万人以上的城市以及 90%的 5 万人以下的城市都开通了高速公路。随着民主德国、联邦德国统一,民主德国、联邦德国方向交通需求增加以及东部汽车化程度提高使更多的高速公路如雨后春笋般出现。1996 年德国高速公路里程达到 11190 公里,占公路总里程的 4.9%,多条高速公路与邻国相通,拥有欧洲最发达的高速公路网。

美国是世界上高速公路最发达的国家,其高速公路总长约为 9 万公里,占世界高速公路总里程近 50%,满足了国内数亿辆机动车的交通及整个国民经济发展的需要。美国的第一条高速公路于 1937 年建成,位于加利福尼亚州,全长 11.2 公里。1944 年美国《公路法》提出了"州际高速公路网"的初步规划。1956 年美国国会通过了"州际和国防高速公路系统"法案。1957 年州际和国防高速公路网开始建设并于 20 世纪 80 年代末基本建成。美国州际和国防高速公路网与加拿大、墨西哥连通,覆盖了全国所有 5 万人以上人口的城市,以不到全国公路总里程的 1.5%的长度承担了约 1/4 的公路总交通量。纽约—洛杉矶高速公路贯通东西,以 4556 公里的总长成为当时世界上最长的国内高速公路。

日本汽车工业发达,拥有的机动车数量仅次于美国,高速公路网也很发达,线路密度较高。1957 年日本政府颁布"高速公路干道法",批准和实施建设 7 条贯通国土、全长约 3700 公里的高速公路网计划。1963 年日本第一条高速公路——名神高速公路建成通车。在开始建设高速公路 40 年后的 1997 年,日本高速公路总长达 6000 公里,占公路总里程约 0.5%,却承担全国公路运输总量约 26％。高速公路在日本各种运输方式中居主导地位，为日本经济的复苏和崛起作出了巨大贡献。日本规划 2015 年高速公路总里程达到 1.4 万公里，实现在全国各地 1 小时内可到高速公路干线，加强主要城市及重要港口、机场的联系。

法国的高速公路建设在早期发展缓慢，后来在法国收费高速公路特许企业联合会（USAP）和私营收费高速公路经营公司（COFIROUTE）的积极促进下，高速公路建设速度加快。目前法国拥有欧洲第二大高速公路网，而且高速公路在收费的前提下进行规划和建设，由于较好地考虑了高速公路交通量的经济因素，其规划和布局较为合理，为法国的经济增长发挥了重要作用。法国计划在 2010 年建成高速公路 1.2 万公里，使高速公路网更为发达。

意大利也是较早建设高速公路的国家之一，但同德国一样，早期建成的高速公路主要为军事服务。1956 年以后，意大利开始大规模修建高速公路，到 1970 年已建成高速公路框架，到 1991 年已建成高速公路约 6300 公里，位居世界先进水平。意大利高速公路在建设运营上与法国相似，采用公司化特许经营，又因意大利国土以山地、丘陵为主，修建高速公路工程量大、耗资多，所以意大利的收费高速公路网居世界之最。

高速公路的建设与社会经济发展互相促进、相辅相成。我国大陆在改革开放前数十年间经济基础薄弱，汽车工业相当落后，不具备充分的资金和技术条件，也缺乏建设高速公路的必要性。台湾 1978 年建成的从高雄到基隆全长 373 公里的南北高速公路是我国第一条高速公路。随着改革开放的兴起，针对运输能力差、成本高的经济发展"瓶颈"，我国开始了对高等级公路的开发。经过一系列的会议讨论，在统一认识的基础上经过可行性研究，交通部于 1984 年确定了包括沪嘉、京津塘、广深、沈大等高速公路首批建设项目。

表1—1   **1998 年部分国家高速公路里程**   （单位：公里，%）

序号	国　家	高速公路里程	公路总里程	高速公路比率
1	美　国	88727	6348227	1.40
2	加拿大	16571	901902	1.84
3	德　国	11400	656140	1.74
4	法　国	10300	893300	1.15
5	西班牙	9063	346858	2.61
6	中　国	8733	1278474	0.68
7	亚美尼亚	7576	15998	47.36
8	意大利	6957	654676	1.06
9	墨西哥	6335	323977	1.96
10	日　本	6114	1152207	0.53
11	英　国	3303	371603	0.89
12	荷　兰	2235	125575	1.78
13	塞浦路斯	2103	10663	19.72
14	南　非	2032	534131	0.38
15	韩　国	1996	86990	2.29
16	乌克兰	1770	176310	1.00
17	土耳其	1726	382059	0.45
18	比利时	1682	145850	1.15
19	瑞　士	1638	71059	2.31
20	奥地利	1613	133361	1.21

注：美国、西班牙、意大利、墨西哥、日本为 1997 年的数据，加拿大为 1995 年的数据。

沪嘉（上海—嘉定）高速公路于 1984 年 12 月破土动工，

1988 年 12 月建成通车，其意义不仅在于象征意义上为零的突破，更为其后的高速公路建设积累了经验和技术，启动了我国大规模修建高速公路的历史车轮。继沪嘉高速公路通车不久后的 1990 年，时为全国最长的 375 公里的沈大高速公路实现了由一般公路向高速公路的过渡。1993 年 9 月建成了京津塘高速公路，开辟了我国高速公路建设管理的新模式。京津塘高速公路联合公司成立并吸收世界银行贷款，按照国际惯例（FIDIC）将高速公路修建、养护及管理统一于一体。

1994 年年底，即我国着手建设高速公路的 10 年后，总共建成了 1600 公里的高速公路。1994 年后，我国的高速公路建设发生了翻天覆地的变化，取得了累累硕果。2005 年年底，我国高速公路通车里程已超过 4.1 万公里，自 2001 年以来高速公路里程稳居世界第二。根据交通部最新公布的《国家高速公路网规划》，"十一五"期间我国高速公路通车里程将达到 6.5 万公里，到 2030 年，高速公路里程达到 8.5 万公里。高速公路建设的飞速发展，不仅归功于国家及地方政府持续的积极的财政支持，也得益于人们对高速公路巨大社会效益的认识，将交通基础设施的投资作为拉动经济的重要手段及社会经济发展战略的组成部分。

高速公路是适应现代交通大容量、快速度的需求而产生的，最早的高速公路规划与建设无不位于经济繁荣、交通繁忙的重要城市。随着一些国家高速公路骨架网的建成，高速公路的发展趋势之一是向更宽广的范围延伸，不仅要实现中小城市与大城市的连通，更是要加强乡村与城市的联系，有力地促进城乡经济的互动与协同发展。美国东部大西洋沿海高速公路网不仅将波士顿、纽约、华盛顿等重要城市连接起来，也加强了主要通道周边高速公路的延伸，加强了主要通道作用，以加速该区域经济发展。日本更注重公路高速化，规划从全国各地到高速公路干线网络的时间在 1 小时之内，以加强国内各地经济联系。

表 1—2 　　　　　　　我国高速公路发展概况　　　　　　　（单位：公里）

年份	1988	1989	1990	1991	1992	1993	1994	1995	1996	1997	1998	1999	2000	2001	2002
全国	147	271	522	574	652	1145	1603	2141	3422	4771	8733	11605	14030	19453	25000
东部	147	271	506	558	636	1037	1401	1665	2542	3356	5211	6768	—	—	—
中部	—	—	—	—	—	92	173	447	765	1250	2351	2883	—	—	—
西部	—	—	16	16	16	16	29	29	115	165	1171	1954	—	—	—

随着全球经济一体化的发展，高速公路建设也在向国际化发展。"关于国际干线公路的欧洲协定"（AGR），以"E"作为编号标志，已将欧洲国际干线公路统一编号。欧洲的高速公路网使许多国家东西相通，南北相连。欧亚大陆公路的规划则东起日本东京，经韩国、朝鲜、中国、越南、印度等亚洲国家连接欧洲，最后抵达英国伦敦。泛美高速公路网则规划将北美的高速公路网连接中美洲、南美洲而形成更广的网络。经过中国、老挝、泰国的昆明—曼谷高速公路在亚洲开发银行的倡导下已经破土动工，这条高速公路是规划中的 6.6 万公里长的亚洲公路网的一部分，其建成将加快中国—东盟自由贸易区的内部合作交流。

我国的高速公路骨架网还在规划建设中。"五纵七横"的国道主干线将承东启西，纵南贯北，连接全国主要城市。"五纵七横"包括：二连浩特—河口、重庆—湛江、衡阳—昆明、上海—瑞丽、上海—成都、连云港—霍尔果斯、青岛—银川。国家高速公路网将继续在整合"五纵七横"国道主干线及 8 条西部大通道等国家干线路网的基础上，形成"首都连接省会、省会彼此相通、连接主要城市、覆盖主要县市"的全国性公路主骨架网络，将连接全国绝大多数大中城市、国家和区域性经济中心、交通枢纽、重要对外口岸等。根据国家高速公路网的建设规划，到2010年，国家高速公路网总体上将实现"东网、中联、西通"的目标。东部地区基本形成高速公路网，长江三角洲、珠江三角洲、环渤海地区形成较完善的城际高速公路网络；中部地区实现承东启西、连南接北，东北与华北、东北地区内部的连接更加便捷；西部地区实现内引外联、通江达海，建成西部开发8条省际公路通道。这些主干道以及高速公路对东部和西部、城市和乡村的经济联系将会起重要的协调作用，对我国的经济发展产生深远影响。

二 国外、国内（重点）高速公路经济带现象的出现与发展

高速公路的建成开通改善了地区交通的运输条件，以高速公路为轴线的两侧及端点区域由于交通基础设施改善而吸引大批产业的转移和集聚，进而形成有一定结构组成的产业群的带状空间分布，这也就是所谓的高速公路经济带。高速公路经济带的形成需要一定的时间，其出现与发展在早期建成的高速公路表现得较为明显。

美国很早就进行了州际和国防公路网的规划和建设，其高速公路网连接着主要城市和重要地区，造就了一条条高速公路经济带，其中，以大西洋沿岸的波士顿—华盛顿高速公路经济带最为典型。连接波士顿与华盛顿的高速公路长达600英里，经过了包括费城和纽约等30多个大小城市。波士顿、费城和纽约是美国最大的三个城市，是全美最大的经济中心，因而高速公路连通后经济的带状发展比较明显。高速公路在连接后，沿线中小城市得到了快速发展。哈特福特、巴尔的摩、蒙哥马利、阿林顿等城市竞争力明显增强。波士顿等大城市的人口数量因这些中小城市的发展而下降。高速公路的开通，改变了现代人的生活方式，对闲暇舒适环境的追求使城市郊区化的发展日益加快。人口移向了高速公路连接的城市郊区，商业和服务业随之转移，扩大了城市发展空间，推动了高速公路经济带的发展。新泽西中心区商业的萎缩及城郊商业繁荣的离心化发展就是由高速公路促成的。高速公路的开通为企业向城市外环境好、地价低的地区拓展创造了良好的交通条件，这直接造成众多企业在高速公路沿线落户，形成一定规模的产业群，构成高速公路经济带的一部分。高速公路的开通对需要有良好运输条件的高新科技业发展最为有利，各种高科技工业园纷纷在高速公路两侧成立。据统计，波士顿—华盛顿高速公路经济带上从事生物技术的就业人口占全国生物技术从业人口的 40.2％，新英格兰地区制造业新增就业机会约有一半是由高新科技业创造的，波士顿—华盛顿高速公路经济带的发展还呈现出了高服务化的产业结构高级化的特征，纽约、新泽西、康涅狄格三州的服务业从业人数占全部就业人口的 70％以上，纽约的外资银行数占全美比重超过 40％。波士顿—华盛顿高速公路经济带依托基础雄厚的大城市发展成为美国最发达的经济带之一，经济带内的农村也随着城市的扩张而实现了工业化、城镇化和现代化。

日本早期修建的名神、东名高速公路分别于 1963 年和 1969 年开通，使日本东京、横滨、静冈、名古屋、京都、大阪等东海道城市联系更为紧密，形成了一条东海道高速公路经济带。名神、东名高速公路连接的不仅是各城市，而且有京滨、阪神、中京三大工业区。高速公路的建成使各大城市产业迅速向外膨胀，东京产业圈半径达 100 公里，大阪产业圈延伸到 50 公里外的和歌山、奈良等地，名古屋产业圈也扩大到 30 公里外的春日井、丰田等地。在高速公路经过的主要城市节点首先实现了工业的集聚。高速公路沿线的中小城市及出入口成为工业汇集的又一地区。三大工业区沿高速公路不断扩展，出入口的大井川、中远形成了新的工业区，静冈县的工业企业中60％位于高速公路沿线的市町村，呈带状分布。名神、东名高速公路的开通还推动了东海道地区的农村工业化和城镇化的进程。农用田地转为工业住宅用地，农业劳动力大量转向其他产业就业。农业生产转向为城市提供蔬菜水果等郊区农业，专业化、集约化水平不断提高。菊川、挂川等高速公路出入口发展了观光农业、园艺农业和设施农业，农业生产率大幅提高。高速公路的开通还使大城市的人口流向了中小城市或郊区，直接促进了高速公路经济带的城镇化。

高速公路在中国大陆建设的历史仅二十多年，而早期建成的高速公路的两侧地区已发展成为充满生机的高速公路经济带。

沪嘉高速公路建成后带来沿线土地的连片开发，嘉定工业开发区、上海希望私营经济城等开发区相继成立。嘉定区的外资企业从无到有，到1993年达到518户，吸引外资超过5亿美元，沪嘉高速公路沿线在高速公路开通的头几年（1990—1993年），乡镇企业个数达532个，乡镇企业固定资产原值9.2亿元，年均增长速度分别为6.9％和30.4％，高于嘉定区的总体水平。沿线地区乡镇企业人均创利4721元，高出全区水平440元。嘉定区旅游景区游人在高速公路开通后逐年增加，因高速公路优势而发展壮大的大批特色旅游项目分布在沿线唐行镇等乡镇。嘉定区1992—1993年间批租的土地面积共计2340亩，主要为房地产和工业用地，极大地促进了农村城镇化的发展。

沈大高速公路于1990年建成通车，经过沈阳、辽阳、鞍山、营口、大连五市，覆盖30多个县（市、区），历经数年发展被誉为"黄金大道经济带"。沈大高速公路建成通车后，1990—1993年，沿线五市国民生产总值占全省比重连年大幅提高，年均增长

幅度较通车前高出近 6 个百分点，经济增长较快的带状发展格局
已经形成。高速公路沿线经济开发区林立，外向型经济蓬勃发
展，值得一提的是各开发区结合本地的资源状况，发展有比较优
势的产业：营口经济开发区发展水稻、水果和水产品的深细加
工；大连经济开发区成为服装、轻工、食品所需原料的生产品基
地。沈大高速公路开通后的三年里，集贸市场的数量增加了 300
个，成交额平均增长 53%。皮革、蔬菜、粮食等各类集市依路
成带，西柳、腾整等市场迅速成为全国性的批发市场，沿线城乡
集市贸易额占全省的 73%，以地区资源为特色的海鲜、水果、
粮食等批发市场成为新兴的市场。沿线地区的乡镇企业个数占全
省的 47.5%，数量年均增长 34.5%，乡镇企业产值占全省
71%，产值年均增长 58%，1993 年高速公路沿线乡镇企业产值
超过 20 亿元的县已达 20 个。从社会发展的总体角度看，沈大高
速公路沿线 1993 年的乡村人口数为 131.7 万人，不到 1989 年
275.2 万人的一半，市镇人口比例达到 93.1%，较 1980 年新增
了 5 个县级市和 54 个建制镇，城镇化发展速度较快，产业结构
上第二、三产业产值比重上升，产业结构优于全省平均水平。

　　京津塘高速公路沿线最初以第一产业为主，高速公路建成
不久后形成高速公路经济带。京津塘高速公路北京段沿线共 18
个乡（镇），农业产值占国民生产总值比重较高，1990 年为
48.7%，高速公路开通后北京段沿线地区设立了北京经济技术
开发区，乡镇企业得到了快速发展，第一产业产值比重在 1993
年仅为 32.6%，通车两年后，北京段沿线国内生产总值年均增
长率比通车前四年高出 8.8 个百分点，受影响较大的 7 个乡的
增长率则比通车前高出 10 个百分点，其中沿线第二产业产值
平均增长率达 38.7%，较通车前四年平均增长率高出 20.8 个
百分点，受影响较大的 7 个乡增长率比通车前高出 25 个百分

点。京津塘高速公路天津段经过天津市武清、北辰、东丽、塘沽 4 个区（县），高速公路开通后这 4 个区的变化很大。1993年 4 个区的国民生产总值为 162 亿元，比 1988 年的 43.3 亿元增长数倍，其中第一产业由 1988 年的 0.06 亿元降为 1993 年的 0.02 亿元，第二产业由 1988 年的 39.92 亿元增加到 1993年的 158 亿元，第三产业由 1988 年的 3.33 亿元增加到 1993年的 3.98 亿元。京津塘高速公路天津段沿线工业园数量、面积不断增大，发展了许多卫星城，推动农业劳动力的转移，促进了天津城乡一体化的发展。

广深高速公路建成通车后对所经过的广州、东莞、增城、深圳等地区的社会经济发展产生了深远的影响，沿线地区各项社会经济指标快速增长，尤以第三产业外向型经济发展迅速。广州、东莞的乡镇企业 1993 年产值分别为 1986 年的 8 倍和 7.4 倍。东莞市建立了粮食、甘蔗、荔枝、香蕉、柑橙等 10 项农业创汇生产基地和一批"三高"农业示范企业，虎门镇有各类农业生产基地 122 个，农业产业化程度较高。农业产业化提高的同时，东莞市还提高了其工业化、城镇化的水平。各类开发区的数目超过200 个，依托乡镇工业的发展使东莞迅速由一个农业县变成了一个新兴的工业城市，城镇化水平居全国前列。

我国的高速公路里程 2002 年起就已连续位居世界第二，在短时期内实现了快速发展，高速公路经济带也在形成和发展中。随着高速公路网的纵横交错，原先的高速公路影响区域更广，所形成的高速公路经济带也在不断地扩张。与高速公路开通的时间及沿线资源、经济基础相关，高速公路经济带也呈现出不平衡发展的现象，但是高速公路经济带无疑在经济的不平衡增长中发挥了重要的作用。

第二节　国内外研究动态

一　国内外有关交通经济带的研究动态

随着人类经济活动的增加，对交通运输需求的增加表现为经济活动向交通基础设施集聚的现象，促成了交通经济带的出现。交通经济带在人类工业化初期就已出现，并引起众多学者的关注。

19 世纪末，德国经济学家冯·杜能在其经济活动空间模式研究的开创性著作《孤立国》中首次提出农业随交通费用大小而在中心城市周围圈层分布的区位理论。20 世纪初叶，德国经济学家阿尔弗莱德·韦伯提出的工业区位论中将运费设成是重量和距离的函数，并将它视为决定性的因素，提出了企业集聚的运输区位法则：企业生产成本最低的地点首先是运输费用最低的点。1924 年美国经济学家费特在其贸易边界区位论中指出运输费用是企业竞争力强弱的因素之一。1927 年美国经济学家开始提出"制造业带"的概念。1937 年瑞典经济学家俄林在一般区位理论中指出产品运输的难易程度及产地与市场距离的远近决定了工业区位。20 世纪 50 年代，由德国经济学家 F. 佩鲁提出经 J. D. 韦勒、布代尔等人发展的增长极理论认为：经济增长集聚点（增长极）以物质能量输出和空间扩散使周围地区"极化"，在此基础上卫贝尔于 60 年代提出了城市系统走廊理论。与交通经济带最相关的理论是德国学者松巴特在 60 年代提出的生长轴理论，该理论强调了交通干线对经济的引导和促进作用，把区域经济发展与交通运输相结合进行研究。交通干线的建设与开通对就业和劳动力有吸附作用，遂以交通干线为轴形成经济带。佩鲁认为，交通运输使增长极相连导致产业先向交通轴线扩散而成为发展轴。发展轴实质上也就是所谓的交通经济带。英国学者威尔逊和比利时学者艾伦将区域经济理论进行动态模拟研究，发现新的经济中心在交通线附近产生，将交通经济带理论的研究推向了动态化。

1984 年，中国科学院地理研究所研究员陆大道在全国经济地理和国土经济学术讨论会上提出了点轴系统理论，发展了西方的增长极理论。点轴系统理论实现了增长极和发展轴的有机结合，认为发展轴线由三个部分构成：线状基础设施（以交通干线为主）、发展轴的主体部分（基础设施线上的城市、工矿区、港口、郊区农业及其他机械化农业设施）和发展轴的吸引范围（与轴线有社会经济联系的区域或带）。发展轴线上的产出随交通线路延伸和经济的发展在空间上呈渐进扩散的趋势。在我国的经济发展历史中，改革开放前的"三线"建设突出了全国工业以及交通建设的重点，重点工程项目有近半位于这些轴线上。20 世纪70 年代及改革开放后我国沿海沿江的地区战略地位有所提高，点轴开发的模式凸显。1992 年中国科学院承担了"长江产业带建设的综合研究"项目，验证了长江沿江地带的发展轴线地位并划分了上海经济圈等 7 个发展轴主体。1994 年中国科学院又进行了"京九经济带开发研究"项目，出版了《京九铁路经济带开发研究》专著，对"京九"发展轴线的增长极及其发展战略进行了设计。1995 年中国科学院地理研究所的武伟博士在《我国铁路干线沿江地带工业与区域开发研究——兼论京九铁路沿线工业与区域开发》一文中研究了我国铁路沿线交通经济带的形成机制和开发模式。"交通经济带"一词的首次出现是在 1993 年北方交通大学张国伍教授主持的"磁悬浮交通线经济效益"的课题研究成果中。1993 年年底，张国伍教授主持"交通经济带一体化协同发展研究"课题，对交通经济带的理论方法进行了深入的探讨，取得了一批研究成果。

二　国内外有关高速公路经济带的研究动态

1957 年法国巴黎大学教授、美国普林斯顿高等研究所研究员丁·戈特曼到美国东部沿海考察，发现在波士顿—华盛顿的高速公路主干线上有一个长达 600 英里的连绵城市带，遂为之取名为巨型都市带（Megalopolis），并认为产业的集聚是交通运输高速发展的产物。1956 年，原美国统计协会会长瓦特金斯博士及其美国公路调查团应邀到日本考察，最终认为日本建设高速公路是实现工业化的必由之路，这个前瞻性的研究为日后日本名神、东名高速公路的建设及东海道经济带的形成奠定了基础。美国学者沙利文等人通过研究 20 世纪 60 年代伊利诺伊州东北部的综合规划而提出了高速可达性走廊（High-accessibility Corridor）的概念（高速可达性走廊意指沿高速大容量运输线路分布可快速到达城市，人口密集区的所有或大部分地点的带状土地使用集中区域），还提出了在高速公路出入口处及沿线建设联合开发项目的建议。

20 世纪 90 年代，国内专家学者对早期建设的高速公路进行深入研究，也取得了很多高速公路经济带方面的研究成果，交通部"高速公路产业带的研究"课题的成果《高速公路的通道地位及其对两侧产业带的影响》不仅对高速公路的通道地位给予了高度的评价，还对我国早期建设的沪嘉、沈大、广深、京津塘等高速公路线路对两侧产业的影响进行了研究，揭示了高速公路经济带的发展潜力，为加快我国高速公路发展提出了政策建议。上海市公路管理处主持的"上海高速公路产业带研究"对上海的沪嘉、莘松高速公路两侧产业带进行研究，界定了高速公路产业带的范围，通过产业带及全部地区在高速公路建成前后各项社会经济指标的纵向和横向对比，发现高速公路建设对沿线经济发展有很强的推动作用，说明高速公路推动经济带的形成。此后，辽宁省交通厅、北京市高速公路管理局、天津市市政工程局、广东省交通厅分别组织课题对沈大、京津塘、广深等高速公路路线进行系统研究，提出了一些划分高速公路经济带的方法，以较翔实的资料对比论证了高速公路对两侧产业带及区域经济发展的促进作用。随着我国高速公路建设的发展，高速公路经济带的理论研究也在不断地向纵深发展并取得一批成果。

三　高速公路对农村经济发展影响的研究动态

工业化是世界各国经济发展不可逆转的潮流，也是我国经济发展的必然趋势，其主要内容之一是农村的工业化、城镇化和现代化。高速公路的发展将会促进农村"三化"进程，在国内外的研究中也有高速公路对农村及农业发展的巨大影响。日本爱知县小牧市自名神、东名高速公路交会后 10 年间由一个小镇发展成为一个新兴工业城市；广东东莞市由于广深高速公路的开通，从一个农业县变成一个高度城镇化的新兴工业城，诸如此类的例子不胜枚举。然而，在浩如烟海的学术著作和研究成果中尚未发现关于我国高速公路对农村经济影响的系统的、专门的研究。笔者在借鉴国内外相关研究成果的基础上，试图进行一些有益的探索。

第三节　研究意义

一　理论意义

交通运输是最重要的区位影响因素之一，在支持区域经济发展方面具有基础性的作用，因而是经济地理学者重点关注和研究的对象。在区域经济和区位理论研究中，交通运输一直是不可忽视的一个变量。经济布局是交通设施建设的依据。经济发展水平为交通设施建设提供资金支持；交通设施建设也反作用于经济发展，引导要素的集聚和资源的优化配置。交通线路端点及两侧的经济发展是生产力的重新布局，一定区域内产业群的特定结构和功能的存在使交通经济带得以形成，交通经济带的相关研究以运输经济学、地理经济学、区域经济学、产业经济学为理论基础，以交通运输与区域经济的相辅相成为实际背景，体现了现代科学研究理论与实践相结合的普遍特征和多学科综合扩展的创新意义。

高速公路是现代交通运输发展的产物，它的出现对区域经济的发展有积极的推进作用。高速公路经济带已构成交通经济带的主要组成部分。高速公路经济带理论丰富了交通经济带理论。高速公路发展的历史不足一百年，高速公路经济带理论更显年轻和不成熟。关于高速公路经济带尚无统一的定义，本研究将从含义与特征、形成与发展和地位与作用三个方面深入探讨，并在此基础上研究高速公路的影响机理与模式，以进一步完善和发展高速公路经济带理论。

农村经济是国民经济的重要组成部分，农村经济发展从来都不曾失去各国学者的关注。早期许多学者认为农业的经济发展要服从工业的扩张。1954 年美国经济学家刘易斯提出了二元经济结构发展模式，将农村经济摆在被动发展的位置上。罗森斯坦—罗丹、纳克斯、赫尔希曼等发展经济学家也忽视了农村经济的重要作用。20 世纪 60 年代，诺贝尔经济学奖获得者舒尔茨意识到农村经济发展的重要性，主张发展中国家加大农业研究。梅勒、罗斯托、速水佑次郎等人也很重视农村经济发展问题，农村经济增长、农村就业、城乡人口流动等问题成为关注的焦点。西方发展经济学农村经济发展理论为我国农村经济发展提供了良好的指导，然而，作为有特殊国情的农业大国，应该有更符合自身发展的理论作为指导，探索有效的农村经济发展之道。本书致力于农村经济发展理论的研究，在综述有关研究的基础上提出三元经济结构论以及"二元—三元——元"的适合中国国情的农村经济发展模式，提出"工业化—城镇化—现代化"的农村经济发展链理论观点，并在发展的过程中探讨解决农村剩余劳动力转移这一重大难题的有效途径。

二 实践意义

我国是一个发展中大国，经济发展不平衡，城乡发展差距大。我国农村正走向工业化、城镇化和现代化，农村经济的发展是中国社会经济现代化进程中亟待解决的重大问题，是举国上下关注的焦点。

高速公路的建设可以加强城市和乡村的联系，改善线路两侧及端点地区的区位关系，为城市和农村的交流以及城市与农村的经济协同发展创造了可行条件。高速公路运输具有快速、便捷的特点，可以缩短农产品储运的时间，加大农产品尤其是鲜活农产品的外运而提高了其商品化的程度，改善农村经济自给自足的半封闭状态。高速公路开通还为农业机械、农药、化肥以及农业科技商业信息的及时输送创造了条件，这对农业生产技术水平的提高和工业现代化有促进作用。高速公路加强了城乡交流，不断瓦解沿线传统农业的封闭状态，为沿线地区农业生产结构、农村就业结构调整产生积极影响，有效地提高农村经济的发展速度和增长质量。农村经济效益的提高又促进农业生产的规模化、集约化生产，使之逐渐过渡到实现产、供、销一体化的农村工业化阶段。农村工业化为农村城镇化提供了经济原动力，直接导致了许多小城镇的出现与繁荣发展，将原本的二元经济结构变为三元经济结构，城乡一体化进程使各地经济良性发展，经济结构由多元发展趋于一元发展，最终实现现代化。

这是本书研究过程中结合现实国情而作出的我国农村经济发展的构想，且这种构想在我国一些高速公路干线周围已悄然实现。本书不仅发展和丰富了高速公路经济带与农村经济发展的基础理论，还首次专门、系统地研究了高速公路对农村经济发展的影响，提出了相关的政策建议，为农村经济发展战略的制定和实施提供了新的视角和思路，具有重要的实践意义。

第四节　研究框架

本书在介绍高速公路及高速公路经济带发展概况、国内外相关研究的动态基础上，分三个部分进行深入研究。

第一，以高速公路经济带和农村经济发展理论为基础，研究高速公路对我国农村经济发展影响的机理与模式。在研究的理论基础方面，首先，完善作为交通经济带理论新组成部分的高速公路经济带理论，对其含义与特征、形成与发展、地位与作用进行科学的、详细的阐述；其次，对农村经济发展的主要理论（二元经济结构理论等）深入剖析，指出其缺陷所在；最后，创新性地提出符合我国国情的农村经济发展模式及"发展链"的理论观点。在高速公路对我国农村经济发展的影响机理与模式研究上，首先，就集聚与扩散两种机制进行分析，得出"点—片—带"的影响模式；其次，就整个影响的发展过程在时间上分段，揭示高速公路对农村经济发展影响的时间演变过程；最后，引入时间和运费变量研究界定高速公路经济带的空间的动态方法与模型。

第二，对高速公路对于我国农村工业化、城镇化、现代化以及农村剩余劳动力转移的影响进行一般研究和实证分析。本书一般研究大致遵循以下三个步骤：首先，对现状和问题的清晰把握，比如在提到农村工业化时重点分析其分散化等的问题和现状。其次，指出高速公路的建设与开通对现状及问题的改善与解决的作用，比如，高速公路对农村经济的集聚影响机制可妥善解决农村工业化的布局分散问题。最后，分别阐述主要高速公路经济带对农村工业化、城镇化、现代化及农村剩余劳动力的实际影响。一般研究的目的在于论证高速公路发展能有效改善我国的二元经济结构格局，促进我国农村工业化、城镇化和现代化的进程，进而有效实现我国农村剩余劳动力的大规模转移问题。在实证分析上，本书选用京珠高速公路湖南省境内的长潭高速公路段为背景，分析长潭高速公路经济带上某一部分（洞井镇）的形成及其空间界定，并研究该部分经济带农村工业化、城镇化和现代化以及农村剩余劳动力的转移情况。

第三，提出政策建议，为相关政策及其实施提供科学的依据。相关的政策建议主要包括六点：一是坚持以科学的发展观指导高速公路建设和农村经济发展；二是加快我国特别是中西部地区高速公路的发展；三是正确处理政府推动与市场引导的关系；四是走与农村产业化、城市农村化相结合的道路；五是积极改善投资环境促进高速公路经济带的发展；六是进行相关配套制度改革。

在进行一系列的研究后给出相关结论，总结研究主要成果以及有待进一步深入探讨的领域，为下一步研究指明了方向。

第二章

研究的理论基础

第一节　高速公路经济带理论

一　高速公路经济带的含义与特征

（一）高速公路经济带的含义

在交通经济的相互作用研究中，学者们提出了诸如沿海产业带、沿江工业带、运输通道产业带、工业走廊、通道经济带等交通运输带概念，其中与高速公路经济带相近的有高速公路产业带、高速公路经济走廊等，但是交通经济带及高速公路经济带在理论界和学术界还没有统一的定义。高速公路经济带是产业布局的重要形式之一，在近年来相关的区域经济研究中被屡屡提及。

交通经济带（Traffic Economic Belt，TEB）是以交通干线或综合运输通道为发展主轴，以轴上或其吸引范围内的大中城市为依托，以发达的产业，特别是以第二、三产业为主体的发达带状经济区域。这个发达的带状经济区域是一个由产业、人口、信息、资源、城镇、客货流等集聚而形成的带状空间经济组织系统；在沿线各区段之间和各个经济部门之间建立了紧密的技术经济联系和生产协作关系。这是交通经济带较为全面、详细的定义。关于高速公路经济带，目前尚无统一、权威的定义，较有影响的定义有：

交通部"高速公路产业带研究"课题组认为"高速公路产业带，又称'高速公路经济带'、'高速公路经济走廊'是……指以高速公路为基本走向并向高速公路两侧扩延，产业群体相对集中，经济发展高于周边地区和当地平均水平的带状区域"。

上海市公路管理处课题组认为"高速公路产业带，系指以高速公路为运输载体，直接或间接受益的产业群所形成的轴线地带"。

天津市市政工程局课题组认为高速公路产业带"以高速公路为主导，由高速公路和沿线一定经济区域（主要指吸引区域）内包含的产业或经济部门所形成的具有特殊结构和功能的带状区域经济系统"。

广东省交通厅课题组认为"高速公路沿线产业带是指依托或借助高速公路的大流量、高速度、强辐射等作用，创造出对相关产业生成与发展的优良条件和环境的沿线带状区域"。

以上四种定义皆认为高速公路产业带与高速公路经济带意义相通，以"产业带"定义较为形象、直观，但是，以"经济带"定义较为准确，其内涵与外延中不仅包括了各产业的相互促进、协同发展，还有人的经济观念及综合素质等非产业的经济因素。四种定义的侧重点不尽相同：第一种定义强调了高速公路经济带的带状形态而忽略了产业活动的联系；第二种定义突出了高速公路的作用而模糊化了难以界定的高速公路经济带空间范围；第三种定义强调了高速公路经济带的系统性但是将产业及经济部门的主导作用寄托于高速公路的社会经济效益；第四种定义强调了高速公路的优良特性及其营造的区位条件而忽略了产业活动。

本书在综合各种定义的基础上，提出：高速公路经济带（Freeway Economy Belt，FEB），是指以高速公路作为主要运输通道和发展轴线，凭借其大流量、高速度、强辐射等特点，改善两侧的区位条件，吸引各种资源的集聚并使之不断产生强烈的技术经济联系而提高其配置效率和水平的具有向外扩散发展趋势和动力的带状区域经济系统。

（二）高速公路经济带的特征

从高速公路经济带的定义，不难发现这种空间系统的一些特点。

1. 高速公路经济带以高速公路为主要运输通道，依托高速公路改善了经济环境的狭长空间地带而产生、发展。现代运输通道通常包括两种或两种以上的运输方式，高速公路经济带则以高速公路为主要运输通道而得名。高速公路作为后工业时代的交通运输方式，具有一些其他运输方式无法比拟的优越性，其流量之大、容量之巨、速度之快、成本之低，使之从其他运输方式中脱颖而出。先进的交通基础设施的出现使其两侧的经济发展环境大为改观，而两侧的狭长地带在空间上为带状，是高速公路经济带出现和发展的空间基础，这个带状区域并不受行政区划限制，可以跨省区发展。比如，正在建设中的"五纵七横"主干道以高速公路为主，连接东西，纵横南北，所能改善的交通区位并非局限于某一个行政区域内。高速公路经济带是通过改善交通区位而出现与发展的，而区位的指向可以多种多样，比如，高速公路的开通促进资源开发的资源指向或扩大市场边界的市场指向等。多种因素的作用使高速公路经济带可以更快更好地发展。

2. 高速公路经济带是一个不断发展的经济系统。高速公路经济带的形成是交通运输与经济协同发展的结果，其发展更是随交通运输与经济活动的相互作用而动态变化，是一个不断适应环境变化而将内部结构调整和吸收外部能量同时并举以扩大其外部边界的过程。这个不断发展的系统有边界的存在，但它的边界不似行政区那么分明而易于界定。高速公路经济带的边界一般以区位的吸引范围和物质信息扩散能力的大小为标准进行界定。吸引和扩散范围是动态的难以测知的变量，这使得高速公路经济带模糊的边界成为精确研究的难点。高速公路经济带的形成首先需要经济的集聚，但与此同时经济带也向外输出物质能量，高速公路经济带也是一个输入输出系统。在与外界的物质能量交换中经济带以不平等的交换实现自身的成长，其结构愈加错综复杂，功能愈加多种多样，边界愈加层层向外扩散。高速公路经济带具有历史性，是一定时代条件下的经济不平衡增长的产物。随着经济带产业的空间扩散和集聚，高速公路经济带将会出现分解和合并，在继续以经济增长不平衡为背景的条件下，多个高速公路经济带在发达的高速公路网上纵横交织，进而融入整个区域经济体系整体水平的均衡增长而退出历史舞台。高速公路经济带从出现到消亡是一个动态系统的变化过程。

3. 高速公路经济带的演化是各种资源配置手段作用的结果。高速公路经济带作为一个不断发展的经济系统，其演化始终不能改变自身作为耗散结构的特征。系统处于非平衡状态，其形成之初是各种要素的集聚以及各种产业有序化相对稳定发展的过程。要素的集聚本质上是资源的配置，集聚的作用体现了资源配置的水平，集聚的功能体现了资源配置的效率。市场是一定条件下行之有效的资源配置手段，市场的竞争引导要素的流动以及要素有效率的组合，因此可以说高速公路经济带内部要素的组合以及对外的要素输入输出等技术经济联系中很大程度上是靠市场机制作用加以实现的。

高速公路经济带的形成与发展有一定的经济规律可循。所谓经济规律即是社会经济发展中经济现象之间本质的、普遍的、必然的联系。根据这些联系，高速公路经济带的演化过程可被人为干预，使之发展更有利于社会经济整体目标的实现，人为干预的过程也是用计划手段进行资源配置的过程。高速公路建设投资大、回收期长、项目经济效益好而且社会效益显著。

高速公路的规划与建设对一国（地区）的经济发展具有举足轻重的作用，是国家战略规划的重要内容之一。政府不仅规划高速公路建设线路来设计高速公路经济带的初始区域布局，也可以制定一系列的产业政策和法律法规引导和规范高速公路经济带的发展速度和方向。高速公路主干道连接的一般是具有一定发展基础的重要城市和资源分布相对集中的地区，目的是发挥出高速公路最佳的社会经济效益以促进相关地区的优先发展；其他高速公路一般与主干道纵横交错，可以充分发挥优先发展地区的极化扩散优势，更好地带动不发达地区的社会经济发展，最终促进整体的社会经济有序协调发展。比较市场与计划两种手段，市场机制的作用主要发生在高速公路经济带微观结构的生成和调整上，培育运作有效、富有竞争力和发展潜力的微观主体；计划则在宏观上有利于高速公路经济带的形成和健康发展，在微观上也保障了经济运行的良好环境的生成。

高速公路经济带是在一定的技术经济与国家政策背景下产生与发展的，具有与高速公路及一定经济环境相适应的特征，但是，作为交通经济带的一个分支，其空间形态终将被泛化与取代，作为一个宏观的社会历史过程而发展。

二　高速公路经济带的形成与发展

（一）高速公路经济带形成的基本条件

综观人类文明发展史，经济中心一般沿大型河道、大型交通运输干线等狭长空间地域分布并随各种生产要素大量集聚而不断纵深发展。近代工业的飞速发展尤其表现为现代产业和城市不断向以主要运输通道为轴的区域集聚而形成交通经济带现象。高速公路作为现代交通科技发展的产物，在运输通道中起主导作用，极大地促进经济走廊的形成与发展。

随着学术界和各级政府对高速公路的社会经济效益的不断认识和肯定，高速公路在国民经济发展战略、地区产业布局和结构调整中的地位明显提高，高速公路网的延伸和密集扩大了高速公路的运输通道作用。高速公路的开通加强了经济发达而资源不足地区与资源丰富而经济落后地区之间资金、技术、信息等要素的交流，有力促进沿线地区资源的开发及地区经济发展。由于资金及区位等因素制约，经济的发展在空间上很难突破平衡，一般是由增长力强的某些点（佩鲁所谓的增长极）向外扩散，扩散的优先渠道为传输速度快、辐射能力强的交通运输干线。交通运输干线沿线对增长极扩散力的诱导和吸附使产业集聚而形成新的增长极，经济增长极化的纵深发展最终表现为交通运输干线两侧带状区域的经济腾飞。高速公路经济带就是以高速公路为交通运输干线而逐渐形成的。

高速公路经济带的形成离不开一些基础要素条件的作用。

首先，高速公路经济带的形成必须以高速公路的建设为前提。顾名思义，高速公路经济带是以交通运输干线种类划分的交通经济带的一种，依托高速公路运输干线地位而形成和发展。交通运输作为区位的重要构造要素引导产业在空间上的布局，交通运输对经济带的形成主要作用有三点：（1）高速公路的走向决定高速公路经济带的走向；高速公路线路长度及运力决定高速公路经济带的空间分布范围；高速公路与其他运输方式的组合程度及其交叉位置决定了高速公路经济带增长极点的形成和扩散；没有高速公路，就不会有高速公路经济带。（2）高速公路运输具有速度快、容量大、成本低的特点，能有效降低运输成本，为产业集聚创造了有利条件。（3）高速公路的建设直接推动了地区经济发展，产业沿高速公路集聚，并形成稳定的经济联系从而促进高速公路经济带的形成。

其次，高速公路经济带的形成以区位条件的改善为动因。经济的发展得益于交通运输网络在完善过程中产生的区位优势。高速公路的开通为沿线创造了与其他地区进行经济协作的良好条件，开阔并拉近市场的同时也更便利地获取各种经济资源，使之成为优越的经济地理位置，具备优先发展的潜力。高速公路一般与大中城市连通以更好地发挥其运输能量，而大中城市正是产业组织、资本、人力、信息的集聚焦点，可以通过高速公路向外辐射，诱导沿线地区经济快速增长。大中城市作为增长极的作用具体表现为能够不断向高速公路沿线次级城市及农村地区输出产品、技术信息、资本并吸收原料、劳动力等，并通过互相吸引形成依赖，实现一体化发展（也即极化扩散）。

再次，高速公路经济带的形成以自然资源为物质基础。自然资源是人类活动及区域经济发展的重要物质基础。自然资源以点状集中分布，其开发利用需要其他地区的协作，这客观上为高速公路的规划创造了前提，并为高速公路经济带的形成奠定了物质基础。自然资源的种类、数量、质量、分布及其开发利用的条件影响了高速公路建设的线路走向、通行能力、建设时序等因素，并因此影响了高速公路经济带形成的结构和空间范围等。

最后，高速公路经济带的形成以产业组织的发展壮大为主要内容。各种要素的集聚促进了新产业组织的生成及各个产业组织的壮大发展，产业组织数量增多及结构复杂化过程逐渐突出高速公路经济带类型或结构上的一些特征，最终形成完善的高速公路经济带。以农产品的精、深加工等行业向高速公路的集聚，促进以农业工业化为特色的高速公路经济带的生成，多种行业产业向高速公路沿线集聚则促进以综合经济为特色的高速公路经济带的形成，所以产业集聚的结构特征决定了高速公路经济带的特征。高速公路沿线产业发展较快则经济规模可以迅速扩大，加快高速公路经济带的形成和发展。产业组织沿高速公路在两侧的布局直接决定了高速公路经济带的空间特征，产业组织间的联系程度也影响了高速公路经济带对内与对外联系的特征。地区的产业政策也会影响到高速公路经济带发展的方向和速度。所以高速公路经济带的形成以沿线产业发展为主要内容。

高速公路经济带的形成以高速公路建设为前提，以改善了的区位条件为动因，以一定的自然条件为基础，以产业发展为内容，是四个条件共同作用的结果。

（二）高速公路经济带的发展模式

高速公路经济带是地区经济差异化不平衡发展的产物，其发展演进带有明显的区域经济发展模式特征，这里涉及的区域发展模式有梯度发展模式、反梯度发展模式、增长极演变模式等。

经济发展梯度是用地区生产力先进程度、市场完善程度、产业结构高级程度、国民经济收入水平等指标综合测评的地区经济发展水平的差异。区域经济的梯度发展理论认为区域经济发展按由高到低的梯度扩散推进，区域经济的发展速度以区域所能提供的条件为基础。地区主导产业在产业生命周期中所处的阶段决定了产业结构的优劣，进而影响到地区经济的盛衰。高速公路经济带的形成是许多新兴产业的创新发展，这些产业可以有利于促进经济带的经济的高速增长和收入的快速上升，使经济带成为发展的高梯度地区并不断向纵深推移。高速公路经济带内创新不断，是高新技术产业密集区，各式规模的工业园区不断由高梯度地区向低梯度地区推移。创新一般发端于科技实力强、经济力量雄厚的大中城市，而以高速公路连接的次级梯度城市因市场扩展需要逐渐吸收创新产业，最后在逐步达到市场饱和后这些产业移向地价低、原料丰富、税负低的发展中地区,通过威尔伯·汤普逊所谓的"工业区位向下渗透"延长产业生命期,带动高速公路经济带的全面发展。高速公路经济带的发展也存在梯度发展理论的动态效应。高速公路所连接的大中城市因为优势积累以及规模经济和乘数效应而拉开了与其他地区的发展差距成为梯度较高的一级。大中城市对低梯度地区初级产品的需求加大,劳动密集型和污染严重产业的转移以及自身税费降低以吸纳转移产业的政策和资源的开发利用得到扩展。随着扩展效应的加强,地区梯度差异缩小,使得原低梯度地区的资本贫乏、人才流失、竞争力差等负效应逐渐减弱,最终实现高速公路经济带的良性发展。

反梯度发展理论认为现代的技术转移可以不按梯度高低发生常规转移而超越现有生产力水平引进先进技术实现落后地区的跳跃式发展。高速公路的开通使不同梯度水平的地区相连,经济不一定按梯度高低有序发展。低梯度地区也有发展经济的强烈要求,在具备必要条件下可以引进先进技术,发展高科技,实现超越发展后向二级梯度、一级梯度进行反梯度的推移。高速公路沿线经常出现落后的中小城镇引进先进技术而在短时间内赶超高梯度地区的现象,说明反梯度发展模式在高速公路经济带发展中的作用。

高速公路经济带的发展还具有增长极演变模式的特征。这里所提到的增长极概念是作为空间单位来理解的,即主导推进型及其相关产业的空间集聚。增长极最明显的特征是集聚的产业综合体创新和增长速度比极点外的产业发展要快。高速公路的建设带动沿线主导产业和创新产业的产生和发展,使沿线地区吸收大量的外部投入,集聚了产业企业群的地区就是增长极。高速公路经济带的形成包含了若干个增长极的形成,增长极又以规模经济和乘数效应自我发展,促进高速公路经济带的发展。在空间容量和边际收益递减的约束下,增长极的极化效应最终弱化,资本、劳动力等经济要素开始外流而表现出较强的辐射效应，带动其他地区的经济发展。由于高速公路的连接，大中城市作为经济中心首先作为增长极，而沿高速公路的辐射效应使沿线会产生新的极点，多个极点的依次产生，并以高速公路为轴就成了点轴系统，而整个发展的模式是点轴开发模式。随着高速公路网的密集以及沿线作为极点的城市、乡镇的增多，各极点间的要素及产品流动从点轴模式延伸到域面的网络模式。网络开发模式是增长极模式的发展演进，也是高速公路经济带发展的高级模式。

（三）高速公路经济带的发展演进

无论是梯度推移、反梯度推移，还是增长极演变发展，高速公路经济带的空间形态与产业构成都发生动态变化，不断更新，趋于完善。高速公路经济带的发展演进可分为四个阶段。

第一阶段——起飞期。随着高速公路的修建，新兴产业或生产方式被引入沿线地区，沿线资源得到更充分发展，农村剩余劳动力加大转移，工业快速起步。经过这一时期的集聚与扩散，经济中心地位突出，新兴工业企业群出现，城市化进程加快，高速公路经济带初具雏形。

第二阶段——形成期。经济中心以及企业群空间区域进一步自我发展，强化极化效应，产业结构不断升级，趋于合理，并同时加强对沿线其他地区的辐射作用。由于扩散效应的增强，沿线地区得到大规模开发。企业数量的增多、工商业的发展以及城市化水平的提高使高速公路经济带得以形成，带状的经济空间结构从区域经济中凸显。

第三阶段——发展期。高速公路经济带主导产业实力壮大，各种产业稳定和谐发展，经济带空间容量趋于饱和，扩张需求强烈。原先接受辐射地区被大面积极化，较低层次产业向外扩散而为高速公路经济带扩容。处于发展期的高速公路经济带的显著特征是带内经济联系的加强及带状空间外扩。

第四阶段——成熟期。沿线地区作为经济中心的地位依然存在，其产业结构演化程度高，产业收入"三、二、一"的格局稳定形成，进入后工业化时期。高速公路经济带空间范围广阔，发展演进到网络化模式。初期的增长极高新技术产业十分发达。成为区域经济创新的主体，并依托高速公路继续发挥强大的扩散效应，集聚效应弱化，集聚的对象以知识信息、高级人力资本为主。高速公路经济带的增长速度已经放缓。

以高速公路经济带发展的四个阶段进行考察，其经济实力不断增强，然而经济增长速度并不始终一致，起飞期速度较慢，而形成期与发展期速度明显加快，成熟期由于实力壮大，发展趋于稳定。高速公路经济带的时间演进阶段如图 2—1 所示（R 为经济带的经济发展指标）。

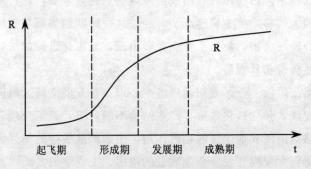

图 2—1　高速公路经济带的演进过程

三　高速公路经济带在区域经济发展中的作用

查尔斯·金德尔伯格和布鲁克·赫里克在《经济发展》一书中指出经济发展的一般定义为：物质福利的改善，尤其是对那些低收入的人们来说，是根除人们的贫困，以及与此相关联的文盲、疾病和过早死亡；改变投入产出的构成，包括把生产的基本结构从农业转向工业；以生产性就业普及于劳动适龄人口，而不是极少数具有特权的人的方式来组织经济活动；以及相应的使有着广大基础的集团更多地参与经济方面和其他方面的决定，从而增加自己的福利。从这个冗长的定义中我们不难提炼出经济发展包含的内容是经济增长、经济产业结构优化和社会进步等。高速公路经济带作为区域经济的重要组成部分，其出现和发展是区域经济协调、倾斜发展的重要战略选择，对区域经济发展有重大意义。

（一）高速公路经济带直接推动区域经济增长

经济增长是一个国家或地区在一定时期内生产活动最终结果（如国内生产总值）的增加。高速公路经济带对区域经济增长有很大的推动作用。高速公路经济带在起飞阶段就对区域经济产生深远影响。高速公路建设项目投资额大，而投资直接带动了经济的增长，高速公路建设单位各种生产要素的收入或者说高速公路建设产生的增加值直接构成了生产活动的最终成果。高速公路通车后运营可以产生良好的经济效益促进经济增长。

高速公路经济带的产生是高速公路开发"筑巢引凤"的结果，吸引了新产业、企业的集聚，对区域经济增长有很大的主导和辐射作用。从杜能的农业区位理论到当代区位理论无不强调影响区位形成的自然、社会经济、技术等因素，并且区位的形成原因是产业可以利用各种因素的有利条件获得比较优势。

高速公路经济带的发展包括一些资源的充分开发与利用，高速公路沿线一些难以开发的资源（尤其是原材料）在高速公路开通后具备了开发条件，新的行业如带有明显的原材料指向的水泥、钢铁、木材等应运而生；沿线交通不发达及经济落后地区可利用大量的廉价劳动力，发展劳动力指向的轻纺、食品等劳动密集型行业；作为现代交通基础设施的高速公路的运量运距很大，运输减少生产环节中原料及产品在途、存储时间，减少交通环节，缩短流通周期，沿线地区不仅适合发展鲜活、易损的农副产品，也可发展有市场指向的资金、技术密集的高技术产业，高速公路经济带主导产业发展可以"连锁"带动相关联的产业发展，并以循环积累的方式扩充产业的规模和实力，比如，高速公路建设后使社会对汽车需求增加，带动相关联的石化、机械、橡胶、仪表等行业的发展。

高速公路经济带主导产业及关联产业一般具有发展的比较优势，是高速公路经济带及整个区域经济新增的主要经济增长点，在区域经济增长中起着直接主导作用，各种产业组织在高速公路经济带空间范围内的产生和发展不仅需要启动巨大的社会投资，还构成高速公路经济带乃至整个区域经济活动的主体，直接推动整个区域经济的增长。

（二）高速公路经济带有利于促进地区经济结构调整与优化

产业发展形态理论将产业结构定义为国民经济各产业在社会再生产中的比例关系及其变化形态。投资可带动经济增长，但简单的要素投入容易造成低效率、低水平的粗放式增长，而伴随着全球经济一体化浪潮及各国综合国力竞争的日趋激烈，进行经济结构调整和优化实现高质量增长已成为经济增长的重要手段。高速公路进一步打破了地区的封闭性，高速公路经济带的出现和发展加强了地区经济结构的内部调整与对外联系，有力促进地区经济结构的调整与优化。配第在研究产业结构演进时提出：商业比制造业及制造业比农业得到更多的收入。克拉克研究劳动力在三次产业之间的转移规律时指出：劳动力先由第一产业向第二产业转移，随着经济发展又向第三产业转移。于是便有了配第—克拉克定理，各个国家和地区的经济结构演进也明显表现出高服务化、重化工业化、高加工度化的趋势。高速公路经济带的产生和发展符合产业结构调整的一般规律，遵循产业结构优化的一般原则：

其一，发挥优势原则。大卫·李嘉图的比较优势理论认为：某地区（国）生产某种产品的成本较另一地区（国）相对低，则该地区（国）生产该产品对两地区（国）有利。基于比较优势理论，高速公路开通加强了地区间的联系，为地区间交易的实现及交易成本的降低提供了现实基础，高速公路经济带的形成与发展首先是在地域分工中获取了区位优势，其产业组成也根据自然、社会、经济实际条件扬长避短自主发展，实现自动优化。

其二，协同有序原则。对区域经济的关注很大程度上是因为非均衡发展的客观存在。有限的要素必须倾斜配置以协调发展，高速公路经济带支柱产业发展需要各种辅助产业的共生发展提高经济带的功能，保持产业结构演进的连续性。经济带在倾斜发展中优先实现结构调整和优化。

其三，市场需求原则。市场机制作用下，需求总量决定了规模，需求结构影响产业结构，有效的供给基于一定的市场需求。高速公路弱化了地域限制，扩大了供给和需求圈，高速公路经济带产业结构的动态调整空间扩大，生产要素如农村剩余劳动力转移到非农产业，产品如农产品转向以经济效益好的精、深加工产品及鲜活、易损农副产品为主。高速公路经济带各种产业的兴起和衰退同样造成区域经济体系中各种产业结构的比例调整，在区域经济的产业结构调整中扮演重要的角色。

（三）高速公路经济带全面加快区域范围内的社会进步

高速公路经济带有效促进了区域经济的增长，在增长速度快于人口增长速度的条件下表现为平均个人创造的社会最终成果的增加，即人均收入的增长。经济学最终关注的两个核心问题是公平和效率。高速公路连接发达地区与发展中地区，人均收入的普遍提高减轻了贫富两极分化的程度，是社会分配的良性发展；人均收入的增加也意味着物质生活水平的提高，满足人们日益增长的物质生活需要，是社会生产效率提高的结果，表明高速公路经济带的出现符合经济学研究的两个终极目标，能带动社会进步和经济增长。

高速公路经济带吸收并利用外部的科技成果、信息和管理经验以增强发展动力，同时也加强了区域内联系以加速区域全面发展。先进科技成果和管理经验是衡量社会发展水平的重要标志，信息的快速流通不仅加强实现与世界接轨，更是迈入现代信息社会的必要条件。科技是第一生产力，信息化提高市场化，有效的管理保证效率的提高，三个因素作用的结果使生产方式发生重大变革，就业量和生产效率明显提高，进而使社会生产力水平提高。

高速公路经济带的先进生产方式和管理水平还造就了一批高素质人才，为经济带乃至整个区域创造了更多的人力资本，间接提高了当地教育水平。另外，经济的增长也促进了教育事业的发展，可提供更多的教育机会并提高教育水平。经济的增长、教育的进步使经济带及区域内人民摆脱落后观念的束缚，以先进的知识和理念为社会更快的进步作贡献。经济带工商业发展迅速，融城市和乡村为一体，有力带动区域的工业化、城镇化，加促实现区域现代化。高速公路连接的农村地区加强农业与非农业产业的结合，实现农业产业化经营。高速公路经济带内各类工业的发展更推动了经济的发展，为区域城市化提供了根本动力。城市化水平提高表现为区域内高速公路经济带内城镇数量增多及其规模增大，提高了区域现代化程度，工业化、城镇化和现代化的互动发展是高速公路经济带社会进步和区域经济发展的重要表现。

总之，经济增长是经济发展的主要内容，产业结构的调整和优化是经济持续高速增长的引擎，社会进步作为经济发展的目标和内容更与经济增长相辅相成，而高速公路经济带有效促进区域经济增长、产业结构调整和优化、社会进步，带动区域经济快速发展。

第二节　农村经济发展理论

一　农村经济发展主要理论

近代以来的各种经济学说都对农村经济发展有一定的论述，而对现代农村经济发展产生深远影响的是 20 世纪 40 年代产生的发展经济学的农业发展理论。在各国的工业化进程中，农业在国民经济中的地位经历着由最重要的产业到最不重要的产业的演变，农业自身的发展及其对总体经济发展的影响也就形成了发展经济学关注的中心问题之一。在发展经济学经济发展理论演进中，存在以下主要的农村经济发展理论。

（一）二元经济结构发展理论

发展经济学学科形成之初，其经济发展理论主张重工轻农的"唯工业论"，忽略农业发展而只强调工业的积极作用，二元经济结构发展理论就是在这种条件下出现的。1945 年，美国经济学家威廉·阿瑟·刘易斯发表其名著《劳动力无限供给条件下的经济发展》，把二元结构作为发展中国家和地区经济发展的关键问题并深入探讨而形成二元经济理论。

刘易斯二元经济理论有两个主要假设：其一，经济系统中存在以现代工业为代表的使用再生产性资本的现代部门和以传统农业为代表的不使用再生产性资本的传统部门。其二，传统部门存在无限供给的劳动力（存在边际生产率为零的劳动力），可以维持一个低水平的实际生产力相等的均衡点，决定资本和劳动力的使用量。

刘易斯将经济的发展视为以现代部门的扩张为主，而现代部门主要集中在发达城市，其扩展需要吸收主要集中于农村的传统部门丰富而廉价的劳动力。农村劳动力向城市工业部门的转移及传统经济向现代经济的转换构成了独特的两部门经济发展模式。这个模式的要点主要有两个：

其一是劳动力的无限供给，即经济体系中的现代部门可以在一个固定的工资水平上能够得到所需的劳动力数量，劳动力的供给处于完全竞争市场状态。发展中国家劳动力丰富，而土地等资源有限，部分劳动力的边际生产率为零，所以传统部门劳动者收入水平很低，并且实际工资率是稳定的。传统部门的工资率水平决定了现代部门工资率水平的均衡水平，现代部门工资率过低则无劳动力转移发生，劳动力供不应求将刺激工资水平上升，而现代部门工资水平过高则劳动力转移过度，过度的供给会降低工资水平。从长期来看，传统部门可在一个均衡的工资率水平上无限供给劳动力以满足现代部门的扩张。

其二是传统部门劳动力转移以资本积累为动力。生产要素只有资本和劳动力两种，相对于无限供给的劳动力，资本是短缺的。在每个资本水平上都有相应的劳动力需求曲线，劳动力的使用量取决于其他边际生产力与工资率决定的均衡水平。劳动力转移数量的增加有赖于现代部门资本积累的扩大，所以劳动力转移以资本积累为动力，要求现代部门储蓄和投资不断增加。

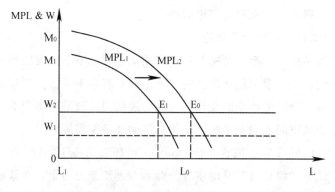

图 2—2 刘易斯模型

如图 2—2 所示，横轴表示现代部门劳动力数量（L），纵轴表示劳动边际生产率（MPL）和工资（W），传统部门工资为 W_1，现代部门工资为 W_2，现代部门利用的劳动力数量取决 MPL 曲线和 W 曲线的交点，所以 E_1 是初始的均衡点，该点上现代部门利用劳动力数量是 L_1，除去劳动力工资后利润为 $M_1W_2E_1$。在此基础上，利润作为再生产资本用作投资将使 MPL_1 曲线外移，与 W_2 的交点相应外移使利润空间及就业规模进一步扩大，最后在某个均衡点 E_0 吸收到了所有剩余劳动力，完成传统部门向现代部门的转换。在 E_0 点上，资本的积累赶上了人口的增长，不存在剩余劳动力，达到了所谓的"刘易斯转折点"。

刘易斯二元经济结构发展论的开拓性意义在于把现代部门和传统部门联系起来，并以现代部门的扩张说明发展中国家经济发展过程，突出了剩余劳动力转移在经济发展中的地位和作用。刘易斯二元经济结构发展论以劳动力的无限供给和工资水平不变的假设建立了简捷的理论模型。模型较强的可操作性使之被广泛引进，应用于许多发展中国家而使二元经济论成为战后经济学影响最大的理论，对农村经济影响很大。

　　（二）不平衡增长理论

　　刘易斯二元经济结构发展论本质上也属于不平衡发展理论体系，但它重在强调社会经济的二元结构形态，不平衡发展理论没有严格区分经济体系的现代部门和传统部门，而是主张产业和经济在地域空间上的不平衡增长并最终实现平衡发展。

　　法国经济学家佩鲁（Perroux）于1955年提出了增长极理论，认为"增长极"是由主导产业和有创新能力的企业在某些地区的集聚发展形成的具有吸引和辐射作用、能带动其他地区经济增长的经济活动中心。佩鲁认为人口、资本、技术等要素集聚而成的增长极（主要为城市）较分散状态对区域经济发展更有效，并强调由主导产业推动，在空间经济发展上置农村经济于从属地位。佩鲁的增长极理论后来得到了进一步发展。美国城市规划家弗里德曼（Friedman）在《区域发展政策——委内瑞拉案例研究》（1961年）和《极化发展的一般理论》（1967年）等著作中提出了中心—边缘理论（也即发展轴理论），认为增长极以强烈的极化和扩散效应使周边地区被极化而成为发展轴。1984年，我国中科院地理研究所研究员陆大道将增长极与发展轴理论有机结合，提出点轴系统理论，将交通干线为主的线状基础设施的吸引范围纳入了发展轴线。

　　瑞典经济学家缪尔达尔（Myrdal）于1957年出版著作《经济地理和不发达地区》，提出了循环累积理论，认为由于工资和利润等要素收益水平的区域差异吸引资本、劳动力、技术等要素从不发达地区流向发达地区，产生"回波效应"，扩大了地区发展水平的差距；发达地区则因发展到一定程度后人口过多、环境污染及资源短缺等因素导致成本上升，收益下降，竞争激烈而向落后地区输出资本、劳动力、技术等生产要素，产生"扩散效应"以促进落后地区发展。缪尔达尔主张落后地区应该在得到优先发展地区充分发展后的扩散带动中快速发展从而实现整个区域的累积循环发展。

美国经济学家赫尔希曼（Hirshman）于1958年出版《经济发展战略》一书，提出了不平衡发展战略，从现有资源的稀缺性和企业家缺乏等方面论述平衡增长的不可行性，认为经济发展初期应把有限资源分配给最有潜力的产业，并通过其优先发展带动其他产业发展，但从长期来看不平衡增长以国民经济各部门均衡发展为目标。赫尔希曼还主张优先发展进口替代工业，因为进口替代工业前向、后向联系都很强，更有利于扩大引致投资规模，从而加促实现工业化。总之，赫尔希曼的不平衡发展战略也将农村经济的发展放在了次要地位。

美国经济学家罗斯托于1960年在《经济成长阶段论》中概括了不平衡工业化的经济发展过程，形成所谓的优先发展主导部门论。他所认为的5种优先发展主导部门体系为：（1）"起飞"准备阶段的主导部门体系，主要为饮食、烟草、水泥、砖瓦等工业部门；（2）替代进口货的消费品制造业综合体系；（3）重型工业和制造业综合体系；（4）汽车工业综合体系；（5）服务业等生活质量部门综合体系。农业部门的发展主要存在于"起飞"准备阶段，为工业部门提供粮食、农产品原料、劳动力等。

不平衡增长理论符合发展中国家或地区人才、资本等要素稀缺的实际，被许多发展中国家在主导产业选择与国民经济发展时采用，使主导产业与发达地区获得了高速增长，但是发展战略倾斜使得"回波效应"长期大于"扩散效应"，农村经济发展相对落后。

（三）平衡增长理论

平衡增长理论重视农业发展对工业化的影响，主张由传统经济向现代经济的转化过程中应在各产业部门全面投资，使各产业均衡增长。

美国经济学家罗森斯坦-罗丹提出"大推进"理论，主张极端式的平衡增长，他认为社会固定资本、市场需求、储蓄都具有不可分性，因而各个产业部门只能按同一比率进行大规模投资，推动国民经济的全面增长，否则会出现结构失调，阻碍国民经济健康发展。

美国经济学家纳克斯提出"贫穷恶性循环"理论，主张温和式的平衡增长。贫穷导致了储蓄能力小和投资引诱不足，社会生产可使用的资本额不高，进一步导致社会生产率、实际收入水平低下，又使社会购买力和储蓄水平偏低，整个经济体系陷入贫困的恶性循环中。打破经济恶性循环发展的办法是在各产业部门全面投资，使各产业均衡发展。

经济学家舒尔茨于1964年出版了《改造传统农业》，强调重视和发展农业，指出："并不存在任何使一个国家的农业部门不能对经济增长作出重点贡献的基本原因。"舒尔茨对刘易斯无限劳动力供给及零边际生产率存在假设提出了批评，充分肯定了农民优化资源配置的能力和极强的学习能力，认为："农民在处理成本、收益和风险时是工于计算的经济主体。"舒尔茨还认为许多国家和地区经济落后的根源在于轻视和忽视农业。

迈耶等大批当代发展经济学家认为，农村经济在经济发展过程中起主导推动作用而非被动辅助作用，以农业为基础的经济发展战略应当包含三个方面的内容：一是实行技术、制度、价格激励机制的变革以提高农业生产率，加速产业增长；二是实施以就业为导向的城市发展战略，扩大国内对农产品的需求；三是以各种非农的劳动密集型的农村发展活动促进各产业部门的平衡发展。

1974 年，联合国经济和社会事务部计划委员会提出了《新的发展所需要的工业化》方案，强调工业化进程中农业和工业的协调发展，指出"没有农业和工业的和谐发展，两者均不能走得很远"。

20 世纪七八十年代，许多发展经济学家和国际组织已经认识到农业与工业相辅相成、平衡增长的重要作用，将农村经济发展视为国家经济平衡发展的必要条件。

二 对农村经济发展理论的创新探索

发展经济学的农村经济发展理论对农业与农村经济在一国或地区经济发展中的地位、作用和发展路径进行了深入研究，对众多发展中国家的农村经济发展产生了深远的影响。然而这些理论随着时代的变迁日益暴露出其不科学的一面，本书在探讨现有理论缺陷的基础上力求创新，以期有效地指导我国农村经济发展。

（一）现有理论的主要缺陷

1. 忽视农村与农业的作用并视之为被动发展对象

刘易斯的二元经济结构论将农业部门归入传统部门，其作用仅为现代部门提供剩余劳动力，在二元经济的发展过程中处于完全被动的地位。传统部门与现代部门的联系纽带为劳动力资源的再配置，但传统部门是被改造部门，甚至是经济发展的包袱，刘易斯的理论中暗含抑制传统部门发展的意思。在对刘易斯二元经济结构论的发展中，费景汉和拉尼斯虽然强调要提高农业劳动生产率以增加农业剩余，但其目的只是避免工业部门贸易条件恶化而导致制度工资上升，保证农业部门能持续地为工业部门提供剩余劳动力，农业部门仍处于从属地位。乔根森也只把农业剩余的产生和转移作为现代工业产生的前提条件。不平衡增长理论主张经济在产业空间区域上的不平衡发展决定了农村和农业在经济发展中不可能处于主导地位。佩鲁所谓的增长极是主导产业和具备创新能力的企业的集聚区域，一般是作为经济活动中心的城市。增长极理论体系认为经济发展的途径是增长极的生成以及扩散带动非增长极区域有顺序的发展。可见，农业与农村是后发展地区，而且发展的可能空间取决于增长极的辐射带动效应。缪尔达尔的循环积累理论认为，农村作为不发达地区先以"回波效应"牺牲自身发展，直到发达地区饱和发展后才能利用其"扩散效应"获取较快的发展速度，"扩散效应"只有大于"回波效应"才能使农村经济真正发展，否则只会处于"有增长无发展"的状态。赫尔希曼的联系效用论将进口替代工业列为联系效用最强的产业部门，为最大化引致投资规模只能将经济发展向工业（尤其是进口替代工业）倾斜，这样一来，农业的发展是无足轻重的。罗斯托的经济成长阶段论也是典型的重工轻农理论，农业的发展只在经济处于较低的发展层次上受到重视，而工业化阶段后仅起到提供粮食、农产品原料和劳动力等作用。

2. 缺乏总体性，偏重于某一方面、某一环节的研究

农村经济发展理论应该有一个完备的体系，具体包括农村经济发展要素理论、农村产业发展理论、农村社会发展理论和制度创新四个部分。农村经济发展要素有劳动力、资金、资源禀赋、技术信息等基本要素。劳动力是农村经济发展要素的主体，在农村的数量分布最多，其质量高低与一定的资金、技术等其他要素的分布及支持紧密相关。资源禀赋是农村经济发展的物质基础，资金和技术信息是推动农村经济发展的必备要素。现有的农村经济发展理论缺乏对农村经济发展要素理论的深入研究，刘易斯的二元结构论中只偏重于使用劳动力和资本两个要素进行经济分析，而且一味地强调资本积累的重要作用，忽视培育劳动力的素质及劳动力与资本等要素的有效配置和发展。农村的产业包含农

业和非农业，其中又包含各种相互联系的子产业，农村和城市一样，也是一个相对独立的经济系统，农村产业的发展是农村经济发展的主要部分。发展经济学的农村经济发展理论偏重研究农村经济的地位和作用，而对其内部结构和发展重视不足。二元经济理论将农村作为剩余劳动力的供应来源而不研究农村经济如何主动向现代经济转变。不平衡增长理论强调作为不发达地区农村的"回波效应"而忽视农村经济的发展潜力。即使是工农平衡的平衡增长理论也只纠正了对农村经济发展地位的认识偏差，而对农村经济产生发展没有深入探讨。经济发展的内涵包括社会进步，所以农村经济发展应当包括农村社会发展这一组成部分。农村社会发展是与经济发展相适应的社会结构、人口质量、生活质量、社会保障、社会参与程度的提高。农村社会发展与农村经济增长相辅相成，二者都需要适当的政策作为配套支持，因而制度创新自然而然成为农村经济发展理论的一个组成部分。而相当多的农村经济发展理论只侧重于经济增长研究，缺乏对农村社会发展和制度创新的研究，以至于许多发展中国家在采用发展理论后虽然获得了增长，却出现了增长缓慢、不平等、经济发展不协调等发展难题。发展经济学数十年的发展中始终关注农村经济发展，但是，缺乏总体性，从"唯工业化论"到工农并重的转变过程中并没有形成一个完备的农村经济发展理论体系。

3. 不完全适应发展中国家国情

虽然多数发展经济学家能正确认识到发展中国家存在经济刚性、短缺、低供求弹性和劳动力过剩问题，但是，他们缺乏对发展中国家农村的历史和现状的了解，而且经济全球化等实际环境的加剧变化使得他们的理论偏离发展中国家的国情。发展中国家多是工业落后、农业为主的国家，而刘易斯、罗森斯坦—罗丹、纳克斯、赫尔希曼等人却忽视了农业和农村经济的发展。罗森斯坦一罗丹的"大推进"理论所主张的极端式平衡增长要求对各产业进行同一比率的大规模投资，这不仅不符合经济发展的效率原则，也不利于国民经济各产业的和谐化结构调整，更触及了发展中国家资金短缺的"瓶颈"。纳克斯提出的"贫穷恶性循环"理论所主张的温和式平衡增长符合效率法则，但其"贫穷恶性循环"理论背景是普遍贫穷而又高度市场化的发展中国家，这与发展中国家地区经济发展不平衡及普遍推行国家干预以求内向发展的实际不相符合。美国人莱斯特·布朗对中国粮食问题的分析所产生的中长期粮食供需的悲观看法严重脱离了我国的现实情况。一体化与信息化正在席卷全球，世界各国开放程度日益提高，这对发展中国家农业发展产生巨大影响：外资投入加大、农村经济结构调整加快、高科技投入比例增大、农村经济组织多样化、农村城市化步伐加快等。农业的发展已不再属于次要地位，原有的基于重工轻农的农村经济发展理论已不符合实际要求。经过"绿色革命"，粮食产量有了可观增长，在与世界接轨的过程中，发展中国家的农村经济也在追求可持续发展，在发展农业生产力的基础上兼顾生态和环境的保护，也就是大力发展集约农业、立体农业、精致农业和设施农业等以提高农业生产力为中心的生产模式以促进农村经济的健康发展。农村经济发展理论对农村经济增长质量和方式的忽视也不符合当前发展中国家农村经济发展的实际要求。

针对农村经济发展理论的缺陷，要求发展中国家发展适应各自国情的农村经济发展理论，对农村经济发展进行全方位和多层次的研究，重视并加强农村经济在国民经济发展中的作用。

（二）本书对农村经济发展理论的创新

1. 将农村经济发展与高速公路的发展相结合，提出"三元论"以及"二元—三元——一元"的适合我国国情的农村经济发展

模式

三元经济结构是指传统农业、农村非农产业（主要指农村工业）及城市经济所构成的经济体系。我国传统农业是农民自给自足以维持生计的小农经济，集体化和家庭联产承包责任制并没有改变其生产力基础，小规模家庭自给、半自给性生产仍然是合理的制度安排。此外，我国传统农业物质技术装备水平低，多数地方停留在手工阶段，存在大量剩余劳动力的同时农村教育水平落后，农村人力资本极度缺乏。新中国成立前，我国城市工业以轻工业为主，占工农业总产值约 10％，而今城市工业重化程度不断提高，城市经济净产值构成国民经济收入的主要部分，城市经济成为我国实现现代化的重要经济基础。农村非农经济尤其是农村工业的发展壮大使传统农业和城市现代化经济部门之间增加了新的经济活动部门，突破了传统的二元经济结构，使农村非农经济部门成为经济体系中独立的一元。20 世纪 50 年代，被称作"社办工业"的我国农村工业已经起步，农村工业部门的产生成为三元经济结构的历史起点。改革开放以来，农村工业发展经历了三次高潮：1978—1979 年，以家庭联产承包为主的农村经济改革使农民得以自由向非农产业领域开拓，乡镇企业发展快速启动，1980 年农村非农产业产值（主要为工业产值）比 1978 年增长 33.2％；1984—1985 年，城市经济体制改革使国有企业获得了更大的经营自主权，城乡经济交流扩大使得乡镇企业发展又有很大的进步，1983—1986 年农村非农产业产值平均递增 51.5％；20 世纪 90 年代初，农村工业与市场一起成长并开始向城市渗透，形成城市与农村工业双向交流的格局，农村工业的水平和档次得到了提升，对二元经济结构产生了重大突破。

改革开放 20 年间，我国乡镇企业产值在国民经济中的比重由不到 5％上升到 24％，乡镇企业职工从 2826 万人增加到 1.3

亿人，乡镇企业就业人数占农村劳动力的比重由 9.94% 提高到 40.24%，乡镇企业作为农村工业发展的载体，其兴起表明我国三元经济结构格局的形成。高速公路建设连通了城市和乡村，交通条件的改善为城乡交流创造了有利条件，为农村工业的发展铺开了道路，有力地促进我国三元经济格局的全面形成。广深高速公路建成后东莞市的乡镇企业数由 1986 年的 5411 个增加到 1993 年的 10635 个，京石高速公路开通后石家庄 1996 年乡镇企业营业收入超千万元的达 500 多家，有 38 个乡镇名列河北省百强乡镇，为高速公路开通前的数倍。我国的城市工业是在工业重型化发展、城乡分割体制和缺乏完善的市场机制背景下发展起来的，重工业的自我循环弱化了城市经济对农村经济发展的扩散效应，而资本的密集也削弱了吸纳农村剩余劳动力的能力，加上以国有企业为主的工业部门微观效率低，吸收农村劳动力的能力十分有限，农村工业作为极重要的经济力量可以充分吸收农村剩余劳动力，改造传统农业，并且可以加强城乡交流，缩小城乡差距，弱化二元结构矛盾。

三元论的提出是我国经济发展实践的产物，是二元经济结构论在新的经济结构状况条件下的发展，为构建三元经济发展模式奠定了理论基础。我国农村剩余劳动力已经大量转移到农村工业，而不是二元论所谓的城市现代经济部门。这种转移的途径成本低、效果佳，三元结构的存在是一种客观现实，也是我国现代化的必由之路。通过高速公路建设促进三元结构的形成与发展，以三元论发展二元论为我国经济发展开辟了新思路，具有重大的理论和现实意义。三元论的经济结构符合我国当前经济发展的实际，而且它的存在具有合理性，这决定了符合我国国情的农村经济发展模式为"二元—三元——一元"的逐步过渡模式。

我国经济的二元结构根深蒂固，"中国的农业和工业在国民经济中的比重，就全国范围来说……大约是现代工业占10％，农业和手工业占90％……"新中国成立不久就致力于工业化发展，并且工业化选择以具备一定经济基础的城市为基地开始。经过一段时期农业的大力扶持，我国建立了必需的工业体系，而同时农业发展受挫，生产力遭到巨大破坏，于是出现了结构失衡的城市工业与增长缓慢、负担沉重的农村农业的矛盾，二元结构表现出明显的特征。我国经济的二元结构在改革开放前几乎断绝了城乡交流，只有工业品与农产品通过政府部门的不等价交换间接实现。城乡经济水平发展差距见表2—1和表2—2。

表2—1　1954—1977 年中国城市与农村家庭人均收入比较　（单位：元）

年份	城市	农村	城市：农村
1954	235.44	64.14	1：0.27
1957	253.56	72.95	1：0.29
1964	243.48	102.28	1：0.42
1977	316	117.09	1：0.37

表2—2　1953—1977 年中国城市与农村居民人均储蓄水平（单位：元,％)

年份	城市储蓄额/率	农村储蓄额/率
1953	15.58/6.62	0.02
1957	28.04/11.06	1.33/1.82
1962	26.93/11.06	1.74/1.76
1977	81.05/23.65	5.93/5.06

改革开放后，城市因为良好的经济基础而继续取得发展优势，虽然城乡差距有所缩小，但经济的二元结构特征依然突出。

与许多发展中国家和地区一样，消除二元结构，推动社会经济发展成为备受关注的重大问题。

改革开放后我国经济形势发生翻天覆地的变化，二元经济结构随着农村工业的崛起而逐步向三元经济结构过渡。农村改革的成功一方面缓解了农村在不利贸易条件下向城市经济不等价输出资源的被动发展局面；另一方面解放了农业生产力，提高农民收入水平，刺激积累的资金和剩余劳动力等要素向农村非农产业投入，使乡村工业迅速兴起。农村工业的发展使之与农村传统农业部门构成了"特殊有效的二元经济结构"。农村工业一方面填补了过去工业化战略中城市工业重化发展所造成的与农业发展联系的断裂层，减少了自身循环效应而且加强了与农业的联系；另一方面农村工业的组织形式灵活，制度创新较多，较传统国有企业的管理更有效，这为大力吸收农村剩余劳动力创造了有利条件。到1992年，我国乡镇企业共吸收农村剩余劳动力1.03亿人，比新中国成立以来城镇部门吸收的1亿人还多，1992年农业剩余流向乡镇企业已突破450亿元，占农业储蓄率的71.46%，对资本形成的贡献率为27.98%，有力支持了乡镇企业的发展。乡镇企业不仅生产农业机械、农药、化肥等产品支持农业发展，还在资本和技术上发挥较大的反哺能力，1992年乡镇企业用于支持农村和农业事业的资金达340亿元，占利润比重的54.9%。农村工业与城市工业的发展在某种意义上也有相辅相成的意义，农村工业为城市工业提供原料和半成品，并吸收剩余劳动力就业缓解城市就业压力，而城市工业向农村工业输出产品的同时也发挥辐射扩散作用。农村非农经济（主要是农村工业）独立于城市工业而成为经济结构的一元在农村经济现实的发展以及理论目标的选择上有着客观必然性，它能以"有效的二元结构"带动农村经济发展，改变落后的城乡状态。

刘易斯的二元经济结构模型的目标是达到消除农村剩余劳动力的刘易斯转折点，最终消除传统经济部门。综观发达国家的发展史，社会经济的现代化实现是经济结构的一元化升级过程。我国特殊的国情决定了在从二元经济向一元经济的转化过程中三元结构过渡模式的有效性。我国经济的发展应该加快二元结构向三元结构的转换，消除二元结构积累的各种矛盾，最终实现农业经济向现代经济的转变。高速公路的建设可以加强发达地区与落后地区的经济联系，对于全面发展三元经济，完善三元经济结构加促农村经济的现代化有重要作用。

2. 提出了农村经济发展的"发展链"理论观点

农村经济的现代化，是一个历史发展过程，遵循经济发展的一般规律，根据农村经济的特点，本书提出"工业化—城镇化—现代化"的农村经济发展链理论。

工业化是农村经济发展链的第一环节，对农村经济的现代化有基础性作用。我国著名发展经济学家张培刚在《农业国工业化》一书中指出：工业化是一系列重要的生产函数连续发生变化的过程，这种变化可能最先发生于某个生产单位的生产函数，然后再以一种支配的形态形成一种社会的生产函数而遍及于整个社会。张培刚对工业化定义的重要内涵在于它从经济一体化和整体上论证工业化的基本特征和过程。郑志耿在《农村工业化新论》一文中认为，"农村工业化"应当是指通过工业化生产方式（包括技术、生产组织、经营方式、工具装备、管理制度等）来改造传统农村产业和经济结构，促使农村经济系统向现代化转型，最终达到城乡一体化目标。按照工业化和农村工业化的定义，农村工业部门应包括对传统农业的改造、农村加工制造业和农村第三产业等产业部门，它们构成农村非农经济结构体系，即农村工业部门结构体系。农村工业发展的结果是推动了农村的城镇化。农村工业化使农村工业和非农产业发展壮大，为农村城镇化提供物质、资金基础，越发达的农村工业越有能力支持城镇的建设，促进城镇的繁荣发展。农村工业因为交通区位、资源禀赋和劳动力等条件向能获取较高比较利益的地方集聚，为城镇化提供了产业功能，是城镇化的开端。农村工业在一定发展基础上向规模化和专业化发展使工业企业加快集聚，促进农村城镇化的快速发展。产业关联以及城镇化的棘轮效应或循环积累效应又使农村城镇化得以继续发展。所以农村工业化是农村城镇化的"发动机"，为农村城镇化提供根本动力。

农村城镇化狭义上是指强调以加强小城镇建设实现城市化的道路，以小城镇来吸纳农村剩余劳动力和集中乡镇企业。而广义上的城镇化则与城市化、都市化、非农化没有差别，是农业人口转移为非农业人口或城镇人口的过程。农村城镇化的内涵主要包括两方面：一是农业人口变为城镇人口、农村地域变为城市地域的城镇化量变过程；二是城镇文化、城镇生活方式和价值理念等城市文明在城镇化地域的扩散过程。农村城镇化即是城镇个数增多、规模增大和城市文明导入的过程。农村能吸收的劳动力数量有限，剩余劳动力的大量存在而得不到顺利转移将会影响农业生产力，阻碍农村经济发展；城市的饱和发展使其吸收劳动力的能力十分有限，过剩的劳动力最佳的转移方向是农村工业。农村工业的集聚发展吸引大批农村剩余劳动力向非农产业发展，于是在广大的农村地区便有星罗棋布的小城镇的兴起。小城镇人口以从事非农产业为主，借鉴和引进城市文明并随着工业化的发展而不断提高城镇化的质量。所以，农村城镇化是农村工业发展的产物。农村城镇化以农村工业为动力，而且农村城镇化可以进一步加强城乡之间的联系，有力地促进农村工业的发展。在经济结构的角度上，农村工业化是变"二元"为"三元"的重要力量主体，农村城镇化则是"三元"结构的具体形态。

　　农村现代化是一个不断发展的概念。20世纪中叶所谓的农村现代化主要为农业的机械化、电气化、水利化和化肥化。随着时代的发展，农村现代化被赋予了更多的内涵，农村的现代化即农业从传统农业走向可持续发展的现代农业，农村经济的高度发达及农村精神文明的高度发展。农村现代化的衡量指标应该包括较高的劳动生产率、较高的土地生产率、较高的农业收入水平、较高的农村人口知识文化和思想素质水平和完整的农业制度体系等。农村现代化表现在结构上是农村与城市实现一体，在一个自然、地理、环境、资源、经济、社会、文化和历史传统形成的区域内实现工业化、城镇化、市场化，获取可持续的发展。农村现代化的发展轨迹是农村工业化、农村城镇化和城乡一体化。农村工业化是现代化的原动力，为现代化奠定物质基础，农村城镇化在农村工业化的引导和带动下推动城镇化第三产业的发展，使城镇成为农村地域经济、政治、科技、教育、文化、信息中心，成为现代经济和生活方式现代化的地域载体，从而逐步实现农村的现代化。在当今知识经济时代，随着信息革命的发展，新经济成分对经济发展的作用日益增强，在以信息化带动工业化的战略作用下，农村经济有了新的发展动力，农村经济的多元化、产业活动的科技化和发展的可持续化大大加快了农村现代化的步伐。

　　在农村经济的发展链上，农村工业化对农村剩余劳动力具有最强的吸引力，农村工业化水平的不断提高不仅可以直接创造更多的就业机会，而且在带动城镇化的发展中还可引导农村剩余劳动力流向城镇其他非农产业。在农村工业化、城镇化、现代化过程中，农村剩余劳动力也随着农村社会经济的发展逐步实现有效转移。本书将有专门的章节论述高速公路对我国农村剩余劳动力的影响。

第三章

高速公路对我国农村经济发展的
影响机理与模式

高速公路的建设适应工业化的要求，促进运输化的发展，能促进人口、产业、城镇、信息等要素在空间上沿高速公路路线在出入口及其附近范围内实现规模集聚和扩散，以一定的时空演化模式对出入口附近的农村经济发展产生深远影响。

第一节　影响机制

一　集聚机制

（一）集聚的含义

高速公路的出现，打破了其路线上经济系统的原始均衡状态。高速公路使沿线地区通达性提高，使生产要素的集聚成为可能，区域人口、产业、城镇、信息快速向出入口附近汇集，形成高速公路经济带发展的雏形。极化的作用使区位条件优越的高速公路出入口依托交通，通过产业关联，不断吸纳邻近地区生产要素而迅速成为区域经济中心，经济中心的出现以及地区经济的非均衡发展使集聚作用持续占据主导地位。所以，集聚效应也就是一种"极化"过程，是高速公路营造的优越区位条件吸引生产要素和经济组织向高速公路出入口集中，提高经济组织的技术经济实力，使高速公路出入口及其附近区域成为区域经济增长极的现象和过程。

在高速公路开始出现之前，沿线农村地区多数处于工业化极低的传统社会形态阶段，以自然经济为主，劳动地区分工不发达，人口、产业的分布不集中，经济联系较少，生产要素和经济组织缺乏集聚的动力。高速公路开通后，其出入口及附近区域具备了有利于工业发展的条件，促使许多企业在空间上集聚。企业空间集聚的原因主要有以下四个方面：一是高速公路的开通使沿线的资源得到充分的开发和利用。这里所指的资源既指因为原先交通条件落后而无法开发的自然资源，如地处偏僻农村的某些矿产资源，也包括因为与城市连通后城乡经济交往中具有比较优势价值的资源，如劳动力、土地和部分原材料等。二是现代工业社会要求产业分工与专业化协作日益加强，现代产业的各个部门组成了复杂的纵向、横向联系极强的产业网络体系，与经济体系隔离或联系不强的企业生存和发展的潜力极弱，产业在空间上集聚和联系不断加强已经是大势所趋。三是产业的发展以一定的基础设施和公共设施为基础，高速公路的开通使企业获得了运费低、速度快和运量大等交通优势，对于降低成本、提高竞争力十分有利。四是现代产业是在以市场机制为主的资源配置方式下生存和发展的，除了需要各种专业技能和专业素养的劳动力、丰富而廉价的原材料和能源、灵通便捷的信息等要素外，也需要有足够的产品市场空间，高速公路的开通加大了运量和运距，企业集聚除了能创造一定的市场氛围和空间外，更主要的是以良好的通达性扩大产品市场的空间范围，增强了自身发展的潜力。

（二）集聚机制分类

从企业的角度划分，高速公路对农村经济发展影响的集聚机制可以分为产业集聚和规模经济扩展性集聚两种类型。

1. 产业集聚

产业集聚是指产业按比例布局在有优越区位的高速公路出入口区域，形成一个高效率的生产系统，改善企业生存与发展的外部环境，获取比较优势效益和协同效益的过程。产业集聚表现为多个企业在空间上的集聚。产业集聚按产业不同的集聚动因又可分为指向性集聚和经济联系性集聚。

指向性集聚是为了充分利用高速公路出入口区域某种优势的产业或企业的集聚，比如，高速公路连接乡村地区丰富的劳动力、原材料或交通枢纽优势等。这种生产布局指向的集聚可以分成指向与产业数量关系的三种类型：

（1）同种指向同产业部门的集聚。是指基于高速公路出入口存在的一种优势而促使同一产业部门内大量企业的集聚，比如高速公路出入口对建材的旺盛需求使其集聚了大量的建材工业企业。这种同类企业的集聚可以使他们同时利用某种优势，共同利用高速公路出入口区域的交通、供水、供电等基础设施，但是企业之间没有纵向联系，横向联系也比较少，存在竞争性及外部经济性。

（2）同种指向多产业部门的集聚。是指基于高速公路出入口存在的一种优势而发生的多个产业部门内大量企业的集聚，形成一定的产业群，比如，高速公路出入口区域以廉价的劳动力集聚大量纺织、服装、食品等劳动密集型不同的产业企业。这些企业可能存在较强的纵向经济联系，比如，纺织业和服装业的企业，而不同的企业之间也互为市场加强横向经济联系，所以，同种指向多种产业部门的集聚，有利于构筑一个协同效应较强的产业体系，产生集聚的外部经济效益。

（3）多种指向多产业部门的集聚。是指基于高速公路出入口

存在的多种优势而促进的大量不同产业企业的集聚，形成功能强
大的产业群落，比如，高速公路出入口附近廉价的劳动力和独特
的自然资源可以带动劳动密集型和资本技术密集型产业的开发，
形成巨大的复合产业群落。

　　经济联系性集聚产生的动因是高速公路出入口地区因为强烈
的技术经济联系而在空间上集聚以创造有利的外部发展环境。经
济联系性集聚可以分为横向经济联系集聚和纵向经济联系集聚两
类：

　　横向经济联系集聚是指高速公路出入口地区主导产业部门形
成的产业群体内企业集聚的现象。比如，高速公路出入口地区，
以特色农业为主导产业，则会使特色农产品生产企业、特色农产
品运输企业、特色农产品销售企业应运而生。

　　纵向经济联系集聚是指高速公路出入口地区一个企业的投入
是另外一个企业的产出的这种具有投入产出关系的企业的集聚。
以其产出作为本企业的投入的产业是本产业的后向关联产业，相
反则是前项关联产业，比如，一个棉花生产农场的前向产业有纺
织、服装等，其纵向经济联系如图3—1所示。

图 3—1　棉花农场的前向关联产业

　　产业群落无处不在，所以高速公路出入口地区产业体系的产
生与发展是多个产业纵横交错发生联系的过程。产业结构体系复
杂化的结果伴随着地区经济的不断发展，所以高速公路出入口农
村地区经济的发展也是以传统农业为主的产业体系逐步发展为多
极产业力量并存的复杂产业结构体系的过程。

2. 规模经济扩展性集聚

规模经济扩展性集聚是企业根据生产要素的量态组合方式及其变化规律，将企业的规模适度扩张以获取最佳经济效益的过程。这种集聚的过程以单个企业对劳动力、资本、技术信息等要素的吸纳为主要特点。高速公路的修建使其出入口地区短期内涌现出大批企业，这些企业在长期的发展中都有扩大规模的要求。以高速公路开拓足够大的市场空间为基础，企业扩大了生产规模可以直接降低生产成本，可以提高企业社会知名度以及提高竞争优势，可以拓宽融资渠道加速扩张。

在经济学的分析中，企业以只存在资本（K）和劳动力（L）两种要素、既定技术水平和价格水平为前提假设，以长期中调整要素投入改变生产规模获取最大利润为目标。设企业在一定技术水平下的生产函数为：

$$Q = f(K, L)$$

如果资本（K）的价格（w）、劳动力（L）的价格（r）以及企业的技术水平不变，则企业的生产函数不变。但企业在长期中可以调整资本和劳动力的使用量改变产出水平。由于企业技术水平不变，则一定的产出量下可以有资本和劳动力两种可替代要素的多种组合，组合点可描绘成等产量线 Q，两种生产要素等比例的投入增加使曲线 Q 向外推移。而在既定的产量水平上生产函数若为齐次，企业成本量低的点应该是曲线 Q 上斜率为资本和劳动力价格比之值的点，该点是企业既定规模下的最大利润点（产品价格不变）。所以技术水平不变时，企业最佳规模点是经过原点和所有 Q 线上斜率为 w/r 点的射线，而当资本和劳动力变动区间分别为（w′，w）和（r，r′）时，企业的最佳规模区为两条射线（OA 与 OB）所夹的区域。如图 3—2 所示。

假设生产函数是齐次的，企业将资本（K）和劳动力（L）

等比例增加 n 倍，则生产函数为：

$$Q_1 = f(nK, nL) = n^v f(K, L)$$

上式中如果 v=1，则要素投入与产出呈同比例增长，称为规模报酬不变；如果 v>1，则要素投入增加不及产出增加速度快，企业扩大规模有利可图，称为规模报酬递增；如果 v<1，则以一定比例增加要素投入可得更小比例的产出增加。高速公路建成后出入口许多企业慢慢起步，规模报酬递增，所以企业会扩大规模获取更大的效益。当规模扩张到一定程度产量增长会等于投入要素增长，达到规模报酬不变点，而如果规模进一步扩大，则进入规模不经济阶段，所以企业在最佳经济规模（规模报酬不变时的规模）实现之前会扩大规模，也就是要加大生产要素投入，表现在图形上是图 3—2 中 Q 线的向外平移，直到规模报酬不变的等产量线 Q^E 为止。

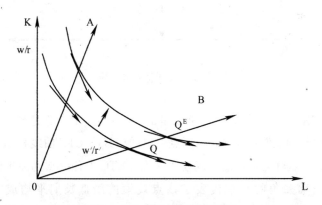

图 3—2 生产函数规模扩张图

企业规模经济扩张也可以从长期成本角度解释。经济学认为企业的长期成本随产量增加，呈先减后增的变化，可以用二次抛物线将它进行描述，而相应的长期总成本曲线是三次曲线，设为：

$$LT(Q) = a + bQ + cQ^2 + dQ^3$$

在图 3—3 中 LTC 是一条倒 S 形的曲线，企业在长期中的行为选择是通过任意调整要素投入比例和规模，使平均成本达到最低，而最大化利润分析得出的均衡条件是平均成本（LAC）、边际成本（LMC）和价格 P 相等，所以企业在发展初期有扩张的要求，并且在满足上文提到的假设条件下会将规模扩大到一个它认为可获得最大利润的点。

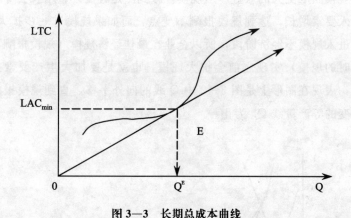

图 3—3　长期总成本曲线

如图 3—3 所示，LTC 曲线呈倒 S 形变化，代表任意规模水平对应的长期最低总成本，从原点引出的射线与 LTC 曲线相切于拐点 E，该点就是企业最佳规模水平点。LTC 上任一点到原点的连线和横轴夹角的斜率代表了该点规模的最低长期平均成本 Y [LAC=LTC（Q）/Q]，而 LTC 上的任一点的斜率代表该规模水平的长期边际成本 [LMC=∂LTC（Q）/∂Q]。图 3—3 中射线外旋方可与 LTC 曲线有最低的长期平均成本 LAC_{min}，它所对应的也正好是该点的边际成本，可以达到企业期望的最佳规模水平点 Q^E。企业生产后在一定的要素和产品价格水平下必须达到一定的规模才能获得最大利润，而规模的扩张也就有了要素的集聚。

由于高速公路的连接，出入口地区城乡交流密切，原来农村地区传统农业向高产、高效、优质的现代农业转化，农村生产要素向新产业集聚。农业产业化及其他劳动力密集型的加工工业和各种服务业的兴起使出入口地区集聚了具有特定优势的产业群落，企业可以从中获取集聚经济效益。各个产业组织为追求规模经济又吸引生产要素进一步集聚，不断发展壮大。产业及产业组织引发的集聚效应使高速公路出入口迅速成为一定规模和结构形态的区域增长极，增长极持续的集聚惯性促进高速公路沿线农村地区的经济不断发展，最终促进高速公路经济带的全面发展。

二　扩散机制

（一）扩散机制及其作用

扩散机制是集聚机制的对偶，当集聚规模达到一定的水平后，集聚机制的正向作用逐渐减弱，而集聚区产业及要素对外扩散效应逐步占据主导地位，对原集聚区周边地区经济发展产生重大影响。扩散机制作为集聚机制的调整，其作用具体表现在两个方面：

1. 消除集聚不经济，优化集聚规模

适度的集聚使产业群落形成一个协调的经济系统，各产业组织都能从产业系统整体功能的扩大中获取正的集聚经济效益。而当集聚发展到一定的程度以后，基于某种优势指向的集聚的继续发展会造成资源利用优势弱化和市场竞争恶化，原先的优势指向逐渐消失。而产业集中到一定程度以后会出现类似于大城市的饱和现象、人口集聚过度、基础设施和公共设施严重不足、土地不足、环境恶化等，这都会对集聚经济效益有负面作用，是集聚不经济的。消除集聚不经济的根本途径是以大于集聚效应的速度将产业群落中部分企业甚至是部分产业转移到周边地区。这个转移可以不需借助外力推动，因为在市场机制作用下，追求利益的动机会驱使较少获得集聚经济效益或没有任何利益可得的企业或产业转移以寻求发展机会。通过部分企业或产业的转移，集聚区增长中心在集聚规模调整优化中得到持续发展，同时企业和产业转移形成的扩散作用带动了其周边地区的发展。

2. 实现新的发展，提升地区产业结构水平

市场机制的完善发展使竞争日益成为企业或产业生存和发展的存在形式，企业或产业的生命力和竞争力很大程度上取决于企业或产业技术创新的能力。在集聚的初期，企业的产品能满足市场需求，产品还处于生命周期中的产生和成长阶段，市场占有率和利润率不断提高。当企业发展稳定，市场容量趋于饱和，产品进入生命周期的成熟期，产品销售利润率达到一个较高的水平，企业在这个时期的任务是设法延长企业产品的生命周期。企业延长产品生命周期的做法有两个方面：一是将产品生产和销售向集聚区周边地区转移，这样做一方面可以利用周边地区的劳动力和其他资源进而降低成本；另一方面可以开辟新的市场领域以提高市场份额，获取更多的利润。二是以积累的经济实力加大研发力度，力图以技术创新改造老产品、推出新产品、满足新需求、开辟新市场、维持企业较高的利润率水平。这样，以获取利润为动机、以技术创新为动力、以市场扩张为手段，企业在源源不断的技术创新推动下将产品的生产和销售转移到集聚区周边地区，形成扩散之势。这种扩散提高了集聚区的结构水平，同时在扩散地区既保证了劳动力和原材料的供给，也开拓了产品市场，获得扩散效应。另外，扩散机制也提高了扩散地区的集聚规模和集聚水平，弥补了集聚区边际收益递减的不足。

（二）扩散的表现形式

扩散机制按照扩散方式不同，通常有三种扩散表现形式促进新的产业群落产生：

1. 扩张扩散

扩张扩散又叫接触扩散，特点是扩散没有大尺度跨越过程，扩散强度呈随距离衰减之势。高速公路出入口地区因长时间的集聚积累而使之有了较强的扩散势能，随着出入口地区交通网络的发展，工商业活动中心逐步由原来的中心区向外围连续扩散，表现出沿交通线路的放射性扩散特点。对于城市而言，扩散先导致了城郊形成新工业区，工业区逐渐扩大为城镇或次级的工业中心，加快了城市的离心发展速度。原先在高速公路出入口附近的农村地区的工业及其他非农产业不断壮大，出现一批中小城镇并向新城市演化发展。

2. 梯度扩散

梯度扩散也叫等级扩散。这种扩散是按生产力水平由高向低推进，扩散的速度又以接受扩散地区的生产力发展水平为基础。梯度扩散理论认为区域经济的盛衰主要决定于区域产业结构水平，如果区域经济的主导产业位于其生命周期中的产生和发展阶段，则区域为高梯度地区，将会获得高速发展；创新活动发源于高梯度地区并逐步向低梯度地区转移；梯度扩散是以交通干线上数个等级相同的城市发展中心开始，加强同等级发展中心的联系并推动经济向次级梯度的发展中心逐级扩散。在一系列的梯度扩散中，低梯度地区通过发展初级产业，生产初级产品并向高梯度地区输出，与高梯度地区建立起互补的产业联系，待到经济发展到一定程度后可以接受高梯度地区的资本与技术转移。高梯度地区产业生命周期由创新阶段进入衰退阶段时已经丧失比较优势，可以向外流入低梯度地区以延长生命周期。高梯度地区以产业和资本向低梯度地区扩散的同时，低梯度地区会因为资本回流、人才流失等原因产生对扩散效应有负面作用的回程效应，但相对于始终增强的扩散效应，回程效应的变化是在高低梯度地区发展差距拉大的过程中变大，而在低梯度地区有充分的能力接受高梯度地区扩散中逐渐变小，而且在地区发展差距不断减小的过程中有趋于 0 的渐进消减。扩散效应、回程效应以及净梯度扩散效应的大小变化如图 3—4 所示，净梯度扩散效应是扩散效应与回程效应之差，从高梯度地区集聚效应由强到弱，扩散效应由弱到强的变化中也经历着由负到正、由减到增的过程。

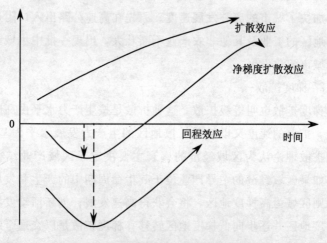

图 3—4   低梯度地区净梯度扩散效应

3. 随机扩散或跳跃性扩散

这种扩散在空间上带有明显的不连续特征，主要是因为创新或经济发展动力被扩散到空间距离较远的地方，扩散也不再是梯度变化，具有突发性。随机扩散通常有某种外力的驱使，比如，政府的政策选择等。随机扩散的结果通常使区域经济不同层次的工业布局发生重大变化，可以使非工业区成为迅速发展的工业中心或使原有的工业区空间结构有重大调整。随机扩散的典型是反梯度推移扩散论，这种理论认为经济发展不一定按照经济技术梯度推移，低梯度地区只要存在有利于经济发展的外在经济效应，在市场等必备条件具备的条件下可以先引进技术进行经济开发，实现超越发展，达到一定程度后向原高梯度地区反向扩散。反梯度推移并不完全与梯度扩散背道而驰，而是就具有一定的空间发展梯度差异的地区而言的，在反梯度的扩散方式中，原低梯度区域的发展是赶超式的，但其内部仍遵循等级扩散和扩张扩散的发展路径。

在扩散机制的发挥过程中，高速公路沿线地区接受扩散的方式是复杂的。在高速公路建成初期，出入口的经济环境得到重大改善而可能因为随机扩散成为区域发展中心，其次在沿线不同地区的发展差距影响下又发生等级扩散，经济中心的格局形成之后扩散的方式则以中心带动边缘的扩张扩散为主。

三　集聚机制与扩散机制的关系

集聚和扩散两种机制在高速公路对农村经济发展的影响中始终存在。高速公路所连接的地区因为自然条件、资源禀赋、交通网络的发达程度和社会经济基础等因素的差异而表现出不同的区位状况。发展在各个地区平衡进行是不可能的，在市场的作用下，区位条件好的地区有优先发展的优势，并以强大的集聚作用积累发展。地区集聚机制在经济发展达到一定水平后开始溢出，扩散到临近区域以使地区间发展差距缩小。集聚效应和扩散效应是不同时进行、共同发展的。在高速公路建成初期，出入口地区集聚效应占主导地位，而在高速公路经济带发展的中后期，出入口地区以扩散效应为主，在这个过程中农村地区经济得到持续发展。集聚机制和扩散机制是高速公路经济带空间演化发展的最基本表现形式，两者对立统一、互为条件、互为补充、共同作用，推动高速公路沿线农村经济发展和高速公路经济带空间地域的扩大。

第二节　影响模式

一　高速公路对我国农村经济发展影响的重要因素

高速公路的修建推动高速公路经济带的产生和发展，而高速公路经济带内农村地区经济发展直接受到与高速公路相关的五个重要因素影响。

（一）高速公路的修建是高速公路实现对农村经济产生影响的重要前提

高速公路作为重要的基础设施是影响沿线地区产业活动和产业布局的重要因素，沿线农村地区经济发展与高速公路建设高度相关。

首先，高速公路的线路走向决定了能受到影响的农村地区范围和走向；高速公路与相关农村地区交通网络的联系紧密程度决定了这些农村地区对外联系的能力和强度；高速公路出入口分布决定了经济要素集聚的空间分布及集聚的发展空间。

其次，高速公路的出现是沿线地区交通基础设施在技术上的重大突破，完善了区域交通运输网络。随着运输组织的现代化发展，沿线地区的运量加大、运速加快、运费降低，加大了经济要素的空间流动的速度和范围。

最后，高速公路通过交通联系加强了沿线地区内部及沿线地区与外部的经济联系，使农村经济体系的封闭性逐渐瓦解消失，加快了经济一体化发展。

（二）高速公路连接的大中城市是加快沿线农村地区经济发展的重要力量

城市是作为区域发展中心而产生和发展的，城市的中心地位体现在它能带动区域经济发展，提升区域经济发展水平和规模。高速公路连接的城市一方面能对高速公路沿线农村地区产生集聚的引力，使农村地区形成对城市的依赖性；另一方面可以通过高速公路加大产品、资本、信息、技术文化的输出，与农村地区实现互动发展。大中城市是资金、信息、技术文化集中的地区，能诱导高速公路沿线农村地区发展，而且越是邻近城市的农村地区可达性越好，越能从大中城市吸取发展动力。

（三）高速公路沿线地区产业结构状况影响沿线农村地区经济发展的方向

高速公路沿线的产业是构成高速公路经济带的主体，产业结构及其升级发展影响农村地区经济发展方向和速度。

首先，高速公路沿线地区产业结构决定沿线农村地区产业结构特征。高速公路沿线农村地区原先是经济发展相对落后、产业结构相对简单的地区。高速公路的修建使沿线地区产业有了再布局的可能，比如，随着能源、原材料加工与开发或高新技术产业的引进，农村地区产业门类更丰富而且以新引进的产业作为主导产业发展，改变了产业结构特征。

其次，高速公路沿线产业的发展速度影响了沿线农村地区产业扩展速度，因为农村地区与城市经济联系的主要特征是产业关联，如果产业创新能力强，有足够的市场需求，则产业的发展速度快，地区的产业结构升级也快。

最后，高速公路沿线地区产业结构对产业的布局也有影响，基础的、初级的产业容易向农村地区扩散并能产生良好的经济效益。总之，产业结构是高速公路对农村经济发展影响的主要要素。

（四）自然资源是高速公路沿线农村地区发展的重要物质基础

自然资源是一定地域人类活动的物质基础，自然资源的适宜程度影响着人的活动空间。地区自然资源的种类、数量、分布及开发利用的条件决定了地区开发的顺序、经济发展的状况以及地区经济参与区域分工的地位与作用。高速公路的规划以有利于经济社会发展的原则为指导，必然将地区自然资源的分布作为其重要决定因素之一。自然资源多以点状分布，而且在有便利的交通条件之后才可以进行规模开发，社会经济才可以大幅度提高发展速度。高速公路的连接，使农村地区许多自然资源有了赖以开发的先决条件，成为农村社会经济发展的重要物质基础。

（五）高速公路改善的交通区位是带动农村经济发展的关键因素

高速公路在交通运输网络中有着非常重要的作用，其修建能产生许多适合一些经济行业发展的优势区位，这些区位对高速公路沿线农村经济发展有关键作用。高速公路出现后形成的优越地理位置对高速公路经济带的形成与发展起着决定性作用，而高速公路经济带区域的农村地区在宏观的区域中有发展先机，通过与其他地区频繁的联系及经济技术协作，可以大量输出、输入经济发展所需的各种资源，在广阔的市场中取得长足的优先发展。

总之，在高速公路对农村经济发展影响的各种要素中，高速公路的修建及其路线走向是前提性的首要条件，大中城市是推动农村经济发展的重要力量，地区的产业结构状况影响着农村经济产业结构的发展方向和速度，高速公路连接的自然资源分布点以及不同的区位是影响农村经济发展的关键物质因素。

二   高速公路对我国农村经济发展影响的"点—片—带"模式

高速公路对我国农村经济发展的"点—片—带"模式是交通经济带的空间结构形态演变的具体表现，其影响过程主要包括：

（1）经济中心以一定层次结构出现并分布于高速公路沿线；（2）经济中心作为发展结点迅速扩大成片；（3）各点扩大成片的同时，以高速公路为轴线，形成一个具有相对较强经济力量的发展带面，这个带面还不断扩展，带动区域经济的全面发展。

所谓的经济中心，即在一个特定的国民经济发展区域范围内与其他区域有着密切联系，对其他区域发展有重大影响并处于国民经济主导地位的城市区域。高速公路连接的城市凭借有利的交通区位条件与高速公路沿线地区发生密切联系，具有经济中心的地位。这些城市之经济实力、产业结构存在一定发展层次差别，彼此之间除了可以以梯度形式扩散发展外，更重要的是对沿线的农村地区产生极强的集聚作用，经济中心的区域经济主导地位不断突出。在优越的交通条件推动下，具有某种独特资源的结点也对生产要素具有强大的吸引力，可以获取超越式发展迅速成为新的重要经济结点，由此表现出高速公路沿线地区经济中心结点更为密集，为其扩大融合拉近了空间距离。随着集聚机制持续作用，各个经济中心实力不断充实提高、膨胀扩散以扩大各自的空间范围，表现为原先的点逐渐扩散成片。以大中城市为重要先导力量，技术创新以及经济中心实力的积累使得城市的产业结构调整加快、产业结构水平提高，原先产业则加大了向农村地区转移的速度，此时农村地区的集聚作用明显加强，而城市的扩散效应已经超过集聚效应，农村地区的快速发展有力地衔接了各城市，更有部分农村地区融入了城市，成为城市规模扩张的一部分。农村地区的发展逐步实现城乡一体化，从而使高速公路沿线再无很大的地区发展水平差距，成为一个带状的发展面。经济的进一步发展推动作为高速公路经济带的面不断扩散演化。

高速公路对农村经济发展的影响涉及了区域经济空间结构的

点、线、面等要素。点是区域经济活动中心，包括有较多门类和级别的产业并以不同规模点状分布在高速公路沿线，具有很强的集聚能力。高速公路以线的形式连接了区域上的点，不仅可以产生经济效益，更可以促进要素的合理配置，使点扩散为片。面是产业在地理空间上的面域分布。农业的基本生产要素是土地，农业生产主要以面的形式扩展，随着线的紧密连接及城乡交流增多，农业通过向城市提供食品、轻工业原料和特色农业产品而成为城乡经济交流的重要部分，而城市产业向农村扩散也加促了城乡一体化，使片状外延扩大而成为面。点线面的空间组成在彼此的经济联系中共同构成了独特的高速公路经济带，农村经济在带中也有效地实现了工业化、城镇化和现代化。

关于"点—片—带"影响模式，我国中科院地理科学研究所研究员陆大道在其著作《区域发展及空间结构》中提出的"点—轴"空间结构系统理论可以对之进行很好的描述。

在图3—5中，我们可以看出高速公路经济带"点—片—面"的形成模式，也正是高速公路对农业经济发展的影响模式。图3—5中a是高速公路建设之初，区域经济只存在一些结点，彼此相互联系不强。图3—5中b则是以高速公路的连接为基础，两个城市A、B之间首先加强了互动发展，A、B的经济中心地位逐步突出，点团状扩大。图3—5中c表示高速公路连接的区域内经过一段时间的发展，高速公路沿线出现C、D、E、F和G等多个新的经济中心。原有结点A、B由于积聚作用时间较长，与其他中心相比规模更大。图3—5中d则是图3—5中c的进一步发展，结点又增加了H、I、J、K、L、M、N、O、P和Q等数个，A和B等在原来成片的基础上进一步扩大面域范围，整条高速公路沿线地区表现出了明显的带状经济特征，非结点的农村区域得到了长足发展。

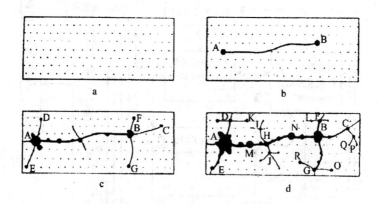

图3—5 高速公路经济带"点—片—面"的形成模式

关于高速公路对连接的城市由点成片的扩展过程可参见图 3—6 关于南京和无锡两市随高速公路而扩张的示意图。

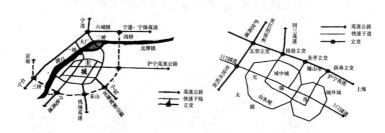

图3—6 南京、无锡两市随高速公路而扩张

高速公路对农村经济发展的影响及高速公路经济带的形成都是在一系列因素的作用下引发强烈集聚效应开始的。当集聚到某种程度时扩散效应也相应加强,相对于接受扩散效应的地区而言则是集聚效应的加强,在以集聚机制为主的区域经济发展中,"点—片—带"的演变格局逐步形成,具体如图3—7所示。

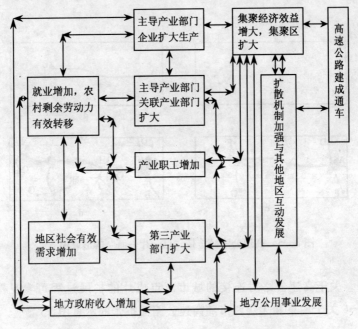

a. 高速公路经济带"点—片—带"发展模式的积聚扩散机制

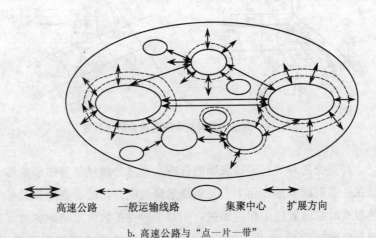

高速公路　　一般运输线路　　集聚中心　　扩展方向

b. 高速公路与"点—片—带"

图 3—7　高速公路经济带"点—片—带"发展模式

第三节　时间演变

一　对时间演变过程产生影响的因素

在高速公路对农村经济发展的影响机制中，集聚和扩散是一个问题的两方面，两者共同作用决定了高速公路对农村经济发展影响的时间快慢及其广度和深度，所以在高速公路对农村经济发展影响的时间演变中，对地区间集聚和扩散影响因素的研究是很重要的。

（一）地区技术经济因素

首先是地区的经济基础。地区的经济发展水平决定了其所能接受集聚的规模、速度以及它所能对外扩散的限度。经济基础较好，则信息传递的效率、供水供电排污能力以及市场的完善程度都比较高，能吸纳新技术转移而形成的新产业和更大的普通产业转移规模，同时也只有经济基础好才能更快更强地对外经济辐射，促进其他地区的共同发展。

其次是企业的技术经济规模。企业的经济技术规模要求各种生产要素的组合投入应保持一个合理的水平，而且在市场需求的主导下应尽量延长企业产品的生命周期。如果一个企业刚刚起步，则它面临的产品生命周期可能处于具有发展前景的创新阶段，以后则以集聚为主要发展措施，而如果企业发展较为成熟，市场趋于饱和，则企业需要对外进行产业转移和战略选择，可以加大对其他地区的扩散。

最后，地区之间产业的关联程度也很重要，如果地区之间的主导产业没有关联，则集聚经济效益不显著，而如果是过多的指向不同且产业联系较低的产业集聚，产业间就不能实现利益互补，从而影响区位优势的发挥，对集聚扩散效应的发挥也有减缓作用。

（二）地区的资源条件

地区的资源条件是影响时间演变快慢的基础因素。发展经济学在研究经济增长时就提出资本短缺是制约发展中国家发展的"瓶颈"。资本的充足程度不仅影响高速公路建设快慢及路网的发展程度，也是影响地区经济集聚效应和扩散效应的重要因素。我国的中小企业数量不少，但发展中普遍遇到融资困难的问题，高速公路产业带的企业尤其如此。如果资本充足，发展资本密集型产业将能快速提高产业结构水平，退一步讲，如果有足够的资本，企业就能配合使用其他要素组合从中得到应有的发展，提高地区经济发展水平。在广大的农村地区有着十分丰富的劳动力资源，高速公路开通将使这些剩余劳动力向非农产业转移，而这种情形也决定了高速公路连通地区适合发展加工工业、服务业等劳动密集型行业，劳动力的丰富决定了其发展的空间和潜力，这对高速公路、对农村经济发展时间演变影响的快慢产生重要影响。地区资源的分布及价值状况在高速公路开通后将形成某种程度的资源指向区位优势，这种区位优势的大小将会影响经济集聚和扩散的速度和方向。此外，地区生态状况也决定了可集聚的程度以及发展空间，进而影响到集聚和扩散的时间演变。

（三）地区交通运输业的发展水平和分布

运输指向的产业对此因素的依赖最强，运输网络不发达则高速公路的优势得不到充分发挥，运输指向型产业发展受制，地区经济从高速公路中所得优势减小，严重影响高速公路产业带的健康发展。交通运输网络不发达，运输条件不便将影响某些基础产品如鲜活农产品及高技术产品的外运，限制地区间的经济交流。另外，交通运输的滞后发展使高速公路的可达性降低，运输费用提高不利于参与市场竞争，间接地缩小了市场空间范围和降低了企业的竞争能力，对企业扩大规模、加强集聚十分不利。所以，交通运输水平决定了高速公路对农村经济发展的影响渠道和速度。

（四）地区社会文化发展水平

地区核心城市的管理水平、组织能力、政策环境等社会发展水平方面能影响其对产业的集聚和扩散效率水平。交通运输条件只是影响地区经济发展的一个方面，而政府政策、城市和社会发展水平等也是和交通条件同等重要的投资环境要素之一，居民的文化教育水平、生活方式和价值观念对产业的集聚和扩散也有很大影响。劳动力素质即人力资本被舒尔茨看做非常重要的因素，只有劳动力的素质提高了才能使劳动者发挥人的主体作用。地区社会文化发展水平只有适应了高速公路这种现代交通基础设施才能加快利用高速公路的优势发挥集聚、扩散效应，加快高速公路经济带的演进发展。

二　高速公路对农村经济发展影响的时间演变

正如第二章的分析，高速公路经济带产生和发展可分为四个阶段：起飞阶段、形成阶段、发展阶段和成熟阶段。高速公路被认为是后工业化时期的主要交通基础设施，对经济发展影响很大。高速公路经济带发展演进的时间跨度小，不像一些综合的交通经济带随近代工业的起步而发展了上百年时间。在较短的时间内，高速公路经济带产生和发展的四个阶段具有明显的演进特征。

高速公路经济带起飞阶段。高速公路建成通车使得沿线出入口形成了重要的交通枢纽点，高速公路的强大优势使得这些点作为经济发展中心地位的突出。这些点主要是高速公路经过的大中城市以及一些具有战略作用的出入口区域。新型的生产方式、技术创新的成果在这些有区位优势的点迅速发展，同时吸引了点域附近的劳动力、资本、原材料等资源成为增长极。在交通区位有利的点出现产业的集聚使得高速公路经济带进入据点开发的起步阶段，这一阶段通常在高速公路建设时期就酝酿发展，所以在高速公路通车后短时间内就已经有了发展基础，一般不到一年的时间点状发展中心可以完全凸显。

高速公路经济带形成阶段。高速公路建成一段时期后运输企业的数量和规模明显增长，加上高速公路出入口以外地区路网的进一步发展完善，高速公路通行能力增强，运输更为便利。这一时期经济中心的点持续集聚要素向更高级的产业发展，并近距离地扩散使点域逐步扩大为片。同时，经济中心还加快梯度扩散，使得高速公路沿线出现新的产业集聚点，这些点与经济中心有明确的产业分工，而且彼此协作和交流较为密切。另外，在一些具有独特资源优势的点也通过再布局成为一定级别的经济发展中心。这一时期处于高速公路建成通车一定时间后，原有经济中心扩张成片，新的经济中心大量涌现，点和片之间联系紧密，若干地区的开发转移使高速公路沿线进入轴线开发阶段，带状经济区域形成。这一时期以大中城市的扩张和中小城镇在沿线的出现为主要标志，时间上依各地经济发展基础和潜力不同而定，但一般不会超过通车后的三年。

高速公路经济带发展阶段。高速公路经济带的形成与发展两个阶段没有很明显的区别，主要是进入发展阶段后，高速公路经济带的经济发展速度增长缓慢，但仍然能产生一个较高的发展速度，经济带经济实力仍在扩张。这一阶段产业以经济中心的扩散向更广的地域转移，产业带加快横向发展，原经济中心在更宽广的范围内产生联系。已有产业不断升级，新产业继续出现，这一方面保持了经济中心的核心地位；另一方面也加快经济中心的扩张，使它们片片相连。高速公路在高速公路经济带的发展中已成为能力巨大的运输主通道，与其他运输方式紧密结合。高速公路经济带在高速公路轴线上的纵深发展以外，还加快了带面的向外扩张。高速公路经济带在以高速公路为轴线的两侧形成了一系列产业发达的城市带，沿线各地全面进入大规模工业化起步阶段。这一发展时期的出现及其维持的时间与产业带的资源状况、产业的生命周期及其创新能力等因素有很大的关系。

高速公路经济带成熟阶段。高速公路这一现代交通基础设施的出现会带动周边交通的发展，最终形成四通八达的交通运输网络。高速的交通网络为产业的远距离扩散创造了有利条件。随着交通网络的不断发达，产业的扩张扩散和等级扩散推动着产业持续在带面上转移扩张，产业的扩散中心已不再是产业带形成之初的经济发展中心，而是经济高度一体化的片状发展区域。原有经济中心处于产业结构的最高级，以放射状从中心带向外扩散产业，其产业的结构水平已进入后工业化发展阶段，工业的主导地位下降，取而代之的是信息、知识等高级产业，这使得原经济中心保持着最佳的创新能力，高速公路经济带在轴线两侧基本实现了工业化、城镇化和现代化，高速公路经济带在空间上已经扩张到一个很广阔的空间范围，其扩散能力已经和其他交通经济带的扩散交叉重合，使区域经济不断加强联系以实现一体化。成熟阶段高速公路经济带的经济发展已达到了一个很高水平，带域范围极广。从某种意义上说其带状正随着区域经济的均衡发展逐渐消融和泛化，最终使高速公路经济带退出历史舞台。这一成熟发展期是高速公路经济带发展演进中经历的最为漫长的时期，这与一国或地区的经济发展能力有关。

高速公路经济带作为社会经济发展的历史产物在时间演变上没有确切的分期，但从产生到消亡的过程会在各个阶段表现出不同的特征。高速公路经济带在"点—片—带"演进中根据地区经济发展状况需要一定的时间过程，期间农村地区逐步实现工业化、城镇化和现代化。

第四节　空间界定

一　高速公路经济带空间界定常见方法

（一）几何法

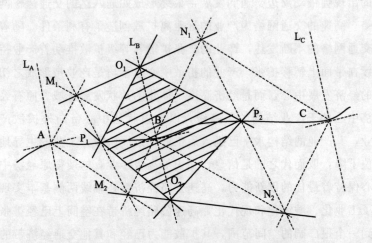

图 3—8　用几何法界定高速公路经济带范围

如图 3—8 所示，有一条高速公路 ABC，其中 A、B、C 分别为高速公路的出口。经过 A、B、C 点轴线（过 A、B、C 与 ABC 相切的直线）的垂直线 L_A、L_B、L_C，过 A、B、C 点做与 L_A、L_B、L_C 成 45°角的直线，使各直线分别交于结点 M_1，M_2，N_1，N_2，L_A、L_B、L_C 称为营业线，$M_1 N_1$，$M_2 N_2$ 称为边界线，边界线与营业线的交点 O_1，O_2 为轴点，出入口之间两结点连线与高速公路的交点（如 P_1，P_2），称为中心点，相连中心点与轴点连线形成的四边形即为一个出入口高速公路经济带的范围。图中阴影部分 $P_1O_1P_2O_2$ 即为出入口 B 的高速公路经济带范围，其他出入口高速公路经济带范围可依此法界定。这种方法的优点是简单方便，缺点是缺乏足够的理论和现实依据，往往结果模糊，严重偏离现实，所以在实际中很少运用。

（二）梯度函数法

这种方法的理论依据是将高速公路经济带定义为经济发展水平或梯度高于影响区平均水平的产业群落及其相关区域。由高速公路经济带的定义，该方法高速公路以外的点以发展梯度的形式表示出来，梯度函数即某一经济发展水平或速度指标值（I）与经济点高速公路红线距离（$S_{主}$）和到支线公路红线距离（$S_{支}$）的函数，也即

$$I = I\left(\frac{1}{S_{主}}, \frac{1}{S_{支}}\right)$$

设地区经济发展水平（速度）平均指标为 $\bar{I}$，有

$$\bar{I} = \sum_{i=1}^{n} I_i / \sum_{i=1}^{n} M_i$$

式中：$\sum\limits_{i=1}^{n} I_i$——影响区各乡镇经济指标合计；

$\sum\limits_{i=1}^{n} M_i$——影响区各乡镇土地面积（或人口）数量总和；

n——影响区乡镇数量。

通过比较 I 与 $\bar{I}$ 大小可划定高速公路经济带空间范围，即 $I_i \geqslant \bar{I}$，则 I_i 对应地区为高速公路经济带范围，否则不是。通常如果有 S_1、S_i、S_n 满足 $I_i > \bar{I}$ 的条件，则可将经济带的外边界作平均处理：

$$\overline{S}=\frac{1}{n}\sum_{i=1}^{n}S_i$$

这种方法的简单图解如图 3—9 所示。一般而言产业带梯度函数是不连续的，而且并非距离高速公路红线 S 越近则梯度指标越高。地区的发展水平和速度也不完全与高速公路距离远近高度正相关，所以这种方法也有不合理之处。

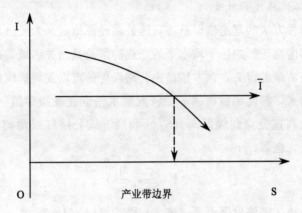

图 3—9 梯度函数法高速公路经济带边界

二 基于时间和运费的高速公路经济带空间界定模型

高速公路经济带是以高速公路为主要通道和发展轴线的带状区域经济系统，在集聚机制和扩散机制下以"点—片—带"的模式发展演进，以交通运输作为带动经济发展的主导因素。所以，在界定高速公路经济带的空间范围时，时间和运费最能体现高速公路的运输优势，是起着决定性作用的变量。

高速公路经济带的发展演进是从作为"点"的各个高速公路出入口的集聚和扩散影响开始的。高速公路的影响区域是以高速公路沿线出口为中心的经济区，享有高速公路的运输优势。高速公路对影响区域发生影响的方式有直接影响和间接影响两种。

直接影响是高速公路以直接运输联系影响其出入口附近区域经济发展。高速公路出入口附近区域直接通过高速公路与其他区域发生物资、资金和信息等的交流。如图 3—10 所示，高速公路 AB 以 A 和 B 为出入口，A 点附近区域可直接通过高速公路与 B 点或其他出入口及相关区域发生交通运输联系，直接受到高速公路的影响。

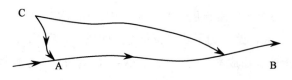

图 3—10　高速公路对沿线区域影响方式

间接影响是指高速公路通过出入口处一条其他交通线路与该点上的点发生间接的交通运输联系，进而影响该点区域经济发展。如图 3—10 所示，高速公路 A 点有与高速公路相通的其他交通线路 AC，C 点附近区域可通过 AC，再经过 AB 与其他区域产生联系，高速公路对 C 点及其附近地区的影响属于间接影响。

表面上看，直接影响与间接影响无多大的差别，也难以严格区分，因为高速公路出入口附近区域必须靠一定的交通基础设施连接高速公路。高速公路出入口附近区域的运费及运输时间相对较少，可以忽略，而通过其他线路连接的地区运费较高，运输时间较长，有可能通过其他线路替代高速公路与外界发生经济联系，所以，从某种意义而言直接影响与间接影响方式的区分是必要的。随着高速公路经济带的发展，高速公路对相关区域的影响以间接影响为主。无论是直接还是间接的影响方式，高速公路影响区都是以出入口为中心，以一定的长度为半径的影响范围。影响半径的测算，是界定高速公路经济带空间范围的关键，也是本项目提出的高速公路经济带空间界定模型的核心内容。

如图 3—10 所示，CA、CB 都是非高速公路的运输线路，C 点可以通过 CAB 与 B 发生交通运输联系，高速公路起间接影响作用；C 点也可以直接通过 CB 与 B 发生交通运输联系，与 A 点无关，AB 段高速公路对 C 点不产生任何影响。对于存在不同交通路线与高速公路相邻的两个出入口相连的情况，我们可以将运费和时间作为决定性变量测算某一个出入口的影响半径。

设 l 为交通线路长度，则 CA、CB、AB 的线路长度分别为 l_{CA}、l_{CB}、l_{AB}；设 C 为平均单位货物运输成本，则 CA、CB、AB 线路的单位运输成本分别为 C_{CA}、C_{CB}、C_{AB}；设 V 为平均运输速度，则 CA、CB、AB 线路的平均运输速度为 V_{CA}、V_{CB}、V_{AB}；设 R_V 为高速公路出入口 A 点的影响半径，则以运费决定的影响半径为 R_C，以时间决定的影响半径为 R_t。基于运费和时间的高速公路出入口影响半径决定的模型为：

$$\text{opt. } R_A = \max (R_C R_t)$$

$$\text{st.} \begin{cases} C_{CA}. R_C + C_{AB}. l_{AB} \leqslant C_{CB}. l_{CB} & (1) \\ \dfrac{R_t}{V_{CA}} + \dfrac{l_{AB}}{V_{AB}} \leqslant \dfrac{l_{CB}}{V_{CB}} & (2) \end{cases}$$

CB 为除 CAB 以外的最佳运费、运时路线。

模型考虑了高速公路运输的主要优点，即可以有效节省运费和时间。约束条件（1）从运输费用最小角度衡量了运输费用决定的 A 点影响半径 R_C；约束条件（2）从运输耗时最小的角度衡量了运输耗时决定的 A 点影响半径 R_t。目标函数则是从运费影响半径 R_C 和时间影响半径 R_t 中选择较大者作为 A 点的影响半径 R_A。A 点的影响半径的决定是多因素作用的结果，但高速公路运输中货运主要以运费作为路线选择依据，客运主要以运输时间作为路线选择依据，两个因素已经基本上满足对影响半径的解释。其他与影响半径大小相关的因素还有运输安全、路况、汽车折旧等，考察到其测算的复杂会影响到模型的简捷实用而不作约束条件。非高速公路路线不一定是唯一的，但 CB 被假设为 CAB 以外最小运费和耗时路线时是唯一的。为直观起见，模型还可以表示为：

$$st. \begin{cases} R_C \leqslant \dfrac{C_{CB} \cdot l_{CB}}{C_{CA}} - \dfrac{C_{AB} \cdot l_{AB}}{C_{CA}} & (1) \\[2ex] R_t \leqslant \dfrac{l_{CB} \cdot V_{CA}}{V_{CB}} - \dfrac{l_{AB} \cdot V_{CA}}{V_{AB}} & (2) \end{cases}$$

CB 为除 CAB 以外的最佳运费、运时路线。

如果单纯以高速公路相邻的两个出入口决定出入口影响半径，则影响半径理论上可变得无穷大，但是，现实条件下高速公路出入口之间的交通网络有一定的发展限度，从一些主要的交通线路中可以测算出一定的影响半径。模型所需要的数据可以从统计资料和经验中获取。对高速公路不同出入口影响半径的测算最终可以勾画出高速公路影响区域的带状形态（见图 3—11）。

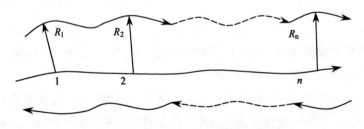

图 3—11 高速公路影响区域的带状形态

设测算得 n 个出入口的影响半径，则高速公路经济带的平均半径为：

$$\overline{R}=\frac{1}{n}\sum_{i=1}^{n}R_i$$

应该注意的是，我们前面计算得到的高速公路出入口影响半径大小依赖于另外的出入口及两个出入口之间的交通支线状况，因此沿着正反方向应该可以计算出两个不同的出入口影响半径序列，假设是（R_{11}，R_{12}，…，R_{1n}）和（R_{21}，R_{22}，…，R_{2n}），而高速公路一般又是封闭式的，同一出入口两侧的交通支线发达状况差异较大，所以两侧的影响半径又会有所差异，考虑高速公路另一侧的影响半径，假设又得到两个影响半径序列（R_{31}，R_{32}，…，R_{3n}）和（R_{41}，R_{42}，…，R_{4n}），这样经过仔细测算可得到四个影响半径序列，严格的高速公路影响半径应该是：

$$\overline{R}=\frac{1}{4n}\sum_{i=1}^{4}\sum_{j=1}^{n}R_{ij}$$

需要明确的是，各高速公路出入口影响半径因为周围的交通网络发达程度、自然条件不同而有所不同，所形成的带状区域是不规则的，这也是系统地、准确地界定高速公路经济带范围的难点所在。依不同方向（参照出入口）和两侧不同交通支线测算的高速公路影响半径是有所差异的，应该根据研究需要进行选择，这样才能反映高速公路对区域经济的实际影响。随着高速公路经济带的发展演进，出入口的影响半径不断扩大，所形成的高速公路经济带的平均半径也不断增大。

基于运费和时间的高速公路经济带空间界定模型是由高速公路出入口影响半径模型与高速公路影响区域平均半径构成。高速公路经济带也就是在运费和时间上得益于高速公路的经济区，随着经济区的强大，路网设施的发达，高速公路经济带随之扩张，所以，这个模型在时空上也是动态变化的，与高速公路经济带的时空演变相适应。

　　基于时间和运费的高速公路经济带空间界定模型的合理性不仅表现在符合高速公路经济带不规则带状形态和动态时空演化特性，有效避免其他界定方法的粗略和不合理外，还表现在模型具有较高的应用价值。经济活动易于在交通条件好的地方展开，而成熟的交通经济带的发展通常经历上百年的时间，比如，德国莱茵河交通经济带和美国中西部大湖区交通经济带。交通经济带的发展通常也伴随着各种交通设施的共同发展。精确地界定高速公路经济带是不现实的，因为：其一，各种交通基础设施对经济的影响难以精确分解；其二，高速公路出现的历史不长，成熟的经济带更少；其三，精确的界定是一项巨大的工程，不论是从时效角度还是从成本角度而言都无必要。所以，对高速公路出入口影响半径进行测算，以影响范围代替高速公路经济带范围在理论上和实际上是可行的。

第四章

高速公路对我国农村
工业化的影响研究

　　高速公路以便利的交通使城乡相通，对城乡的交流合作与城乡二元结构的转变有很重要的作用。城乡间土地和劳动力在市场价格上的差异构成了城市工业不断向农村地区扩散的主要原因，高速公路的连接加促了农村工业化进程。高速公路的发展对农村工业化产生推动力，使之成为改变我国二元经济结构的一种重要力量，为完善我国经济结构的三元格局，促进农村经济"二元—三元——一元"发展模式的有效实现奠定了坚实基础。

第一节　我国农村工业化现状及存在的问题

一　我国农村工业化的现状

　　（一）我国农村工业化已成为工业化和国民经济发展的主要动力

　　改革开放之初，我国农村工业增长对工业增长的贡献率不到 20%，而 1992 年农村工业对工业增长的贡献率已达 71.5%，1978 年后改革开放的 14 年间，农村工业对工业增长的贡献率平均为 41.2%。1978 年乡镇企业产值占农村社会总产值比重不足 25%，到 1987 年首次超过农业总产值，并占社会总产值的 52.4%。1978 年我国乡镇企业完成增加值 133 亿元，而 1997 年我国乡镇企业增加值是 12500 亿元，比 1978 年增长了 93 倍，占全国工业增加值的 50%。2000 年我国乡镇企业完成增加值高达 27156 亿元，比 1978 年增长了 203 倍。2005 年和 2006 年全国乡镇企业分别完成增加值 46600 亿元和 57500 亿元，同比增长分别为 11.33% 和 13.2%，在营业收入、利润和税金等效益指标方面实现了更快的增长。2005 年全国年销售收入 100 亿元以上的乡镇企业集群达 200 多处。全国规模以上乡镇工业企业达 17 万个，比上年增加 1.1 万个；规模以上乡镇工业企业完成增加值 16300 亿元，比上年增长 17.11%，比全国乡镇企业平均增速快 5.6 个百分点；规模以上乡镇工业企业完成增加值的比重占到乡镇工业企业总量的 48.5%，比上年提升 1.1 个百分点。2006 年，规模工业对乡镇工业的支撑带动比规模以下工业的带动作用更为显著，全年规模以上工业（年销售收入 500 万元以上企业）累计实现增加值 25000 亿元，同比增长 16.2%，比规模以下工业增幅近 8 个百分点，占工业增加值的比重达 61.4%。规模工业实现销售收入 107000 亿元，同比增长 16.3%，产销率达 95.6%；实现利润 6900 亿元，同比增长 15.6%；上缴税金 2900 亿元，同比增长 16.7%；出口交货值 18500 亿元，同比增长 17.9%，占全部乡镇企业出口的 77.2%。[①] 我国乡镇企业遍布国民经济各个领域，所生产的工业产品占全国工业产品产量很大比重，对国

①　"2006 年全国乡镇企业增加值 57500 亿元"，http：//www.chinagateway.com.cn/chinese/qy/64611.htm。

民经济有重大的贡献。95％以上的砖瓦、90％以上的中小农具、80％以上的服装、43％以上的食品饮料、40％以上的水泥以及17％以上的电子产品来自乡镇企业。以乡镇企业为主要形式的农村工业是我国工业化的重要成果，是三元经济结构中重要的一元，也为国民经济的发展作出了极大贡献。

（二）我国农村工业化已成为农村社会经济发展的重要源泉

1980年农村工业起步不久后其工业总产值与农村经济（社会总产值）的相关系数为0.6883，而通过对1980—1994年的数据分析得到二者的相关系数为0.9614，农村经济中农村工业的比重也不断提高（见表4—1）。

表4—1　　　　　　农村经济发展中工业的作用　　　（单位：亿元,％）

项目 年份	农村工业总产值	农村社会总产值	比重
1980	543.91	2786.15	19.52
1985	1749.96	6328.38	27.65
1990	6716.05	16520.84	40.65
1994	35812.83	64324.40	55.67
2005	46600.00	163893.54	28.43

2000年年底我国乡镇企业的个数达到2084.7万个，职工为12819.6万人，在20余年的发展中吸收了1亿多的农村剩余劳动力，使乡镇企业就业人数占到农村劳动力总数的30％以及剩余劳动力的50％。大部分新增的农村劳动力向非农产业转移减少了农村劳动力的份额，优化了农村地区的就业结构和产业结构，带动经济从低效益结构向高效益结构转变（见表4—2）。

表 4—2　　　　　**全国农村就业和产业结构变化**　　　　（单位：%）

项目	年份	1980	1985	1990	1995	2000	2005
产业结构	第一产业	68.9	57.1	26.5	42.9	35.3	32.6
	第二产业	25.9	35.7	62.5	49.5	50.4	52.6
	第三产业	5.2	4.2	11.0	7.9	14.3	14.8
就业结构	第一产业	91.8	85.9	72.9	78.7	68.4	59.4
	第二产业	6.3	10.5	17.0	14.1	17.3	23.3
	第三产业	1.9	3.5	11.2	6.5	14.3	17.3

　　农业占国民经济比重不断下降，非农产业的第二、三产业比重不断上升，使得农民人均纯收入中非农产业收入比例不断提高，由 1978 年的 7.03% 上升到 2000 年的 49.58%（见表 4—3）。

表 4—3　　　　**农民人均纯收入中非农产业收入的贡献**　　　（单位：元）

项目 年份	农民人均 纯收入（1）	非农产 业收入（2）	(2)/(1)（%）	非农产业收入增加占 纯收入增加比重（%）
1978	133.57	9.39	7.03	—
1980	191.33	16.77	8.76	12.78
1990	686.31	175.45	25.56	30.04
1995	1577.84	581.23	36.84	39.59
2000	2253.42	1117.33	49.58	52.26
2004	2936.00	1713.00	58.34	85.00
2005	3255.00	1785.00	54.84	22.57

2005 年全国乡镇企业从业人员达 14180 万人，比上年增加 310 万人，增长率为 2.26%，乡镇企业从业人数占全国农村劳动力的比重达到 26% 左右。乡镇企业发展增加了农民收入，2005 年乡镇企业累计支付劳动者报酬 10800 亿元，同比增长 10.7%，农民人均从中获得 1100 元，比上年增加 97 元，从乡镇企业获得的收入占农民人均纯收入的 34% 左右。乡镇企业发展促进了区域经济协调发展，乡镇企业是我国县域经济的主体，一般占县域经济总量的 70% 左右，有力地拉动了当地经济快速增长。乡镇企业发展推动了社会主义新农村建设，2005 年乡镇企业累计上交补助社会性支出，上交支农、建农资金 160 亿元，有力地支援了农业生产和农村各项事业的建设和发展，保证了基层政府的正常运转。2006 年，全年全国乡镇企业预计净增就业 400 万人左右。全年新增就业超过 10 万人的有山东、江苏、浙江、河南、河北、辽宁、四川、湖南、江西等省，就业的总体情况比较稳定。全年预计乡镇企业累计支付劳动者报酬 12280 亿元，同比增长 10.5%，初步测算（按农业人口 9.55 亿—9.75 亿人计算），农村居民人均从乡镇企业获得收入 1240 元，同比增长 10.6%，增加 120 元，占农村人均可支配收入的比重达到 34.7%，比上年同期提高 0.2 个百分点。[①]

农村非农产业异军突起，为农村创造并积累了财富，为城镇基础设施和各项事业的发展提供了物质保证。1997 年我国建制镇的个数为 18402 个，为 1978 年的 5.5 倍，有力地促进了我国农村城镇化的发展。农村工业的发展也带动了农村地区文化、教

---

① "2006 年全国乡镇企业增加值 57500 亿元"，http://www.chinagateway.com.cn/chinese/qy/64611.htm。

育、卫生等各项事业的发展，丰富了农民的文化生活，提高了农民素质，促进了农民生活方式与价值观念的变革。

（三）东部地区开创了农村工业化的各种成功模式，与西部地区落后的农村工业化形成鲜明对比

我国东部地区利用改革开放及经济地理上的优势，较早推行农村工业化并获得了很大成功，也开创了苏南模式、温州模式、珠江模式和晋江模式等典范模式，成为全国农村工业学习的对象。

苏南模式指位于江苏省南部的苏州、无锡和常州三市所属的农村地区工业发展模式。苏南地区改革开放时社队工业总产值已占全省社队工业总产值的41%，改革开放后短短数年间带动江苏省乡镇企业总产值于1984年首次超过了农业总产值，比全国乡镇企业的这一历史突破提前了三年。苏南模式是在原有农村工业的基础上发展起来的，以乡、村两级集体经济为主，所以苏南乡镇企业始终是立足乡村，吸收大量剩余劳动力的同时反哺农业，加速实现了农村的现代化。苏南乡镇企业还在农机修理和配套机械制造的基础上进一步发展了化学工业和重工业，在20世纪90年代初就有了各种轻重工业企业4万多个，机械、化工、纺织、建材四大行业产值占工业总产值的80%。苏南地区依托农村工业化实现城乡经济的互相渗透，缩小了城乡差距，基本消除了二元经济结构。

温州模式是以市场需求为导向而兴起的市场性农村工业化模式，是以家庭经营方式填补国内市场空白而发展起来的。家庭经营的灵活性与全国市场短缺的日用小商品主导产业互相适应，极大地促进了温州地区非农产业的发展。小商品的生产与城市的工业联系不强，自成一体，但是，原料及商品的流通与全国大市场紧密联系，带动了邮政、运输、金融等社会化服务

体系的完善与发展。强烈的市场导向也使市场体系趋于成熟，要素和产品市场发展完备，各种产品市场、生产资料市场、技术市场和劳务市场等专业市场促进了要素和商品的流通以及农村商品经济的发展。

珠江模式是依托毗邻港澳的珠江三角洲经济区位优势，以外向型为导向的农村工业发展模式。珠江模式以满足国际市场需求为发展方向，建立了各种花卉、蔬菜、瓜果、水产品的生产、加工、包装、保鲜、运输等产业化体系，实现了农村剩余劳动力的有效转移和农村工业的快速发展。20 世纪 90 年代初东莞市以出口为目标的农副产品加工基地多达 2000 个。珠江三角洲地区国际交流频繁，企业管理水平提高较快，为企业的发展壮大奠定了基础，珠江模式下诞生的国际化品牌如美的、格兰仕等是其他农村工业发展模式所没有的。

晋江模式是依托侨资、外资和国外技术的农村工业化之路，以福建东南沿海尤其是晋江市发展最为典型的。晋江是旅外侨胞和港澳台同胞侨眷较多的地区，侨汇和外资与内资结合为农村工业化注入资金动力。晋江乡镇企业还具有较强的区域化和专业化特点，每个乡镇在主要企业带动下发展各自的主导产业，如安海镇的玩具、罗山的糖果、陈埭镇的制鞋业等。

与发达的东部农村工业化相比，西部地区农村工业的发展速度和规模比较落后，东西发展差距较大（见表 4—4 和表 4—5）。

"九五"期末，东部地区乡镇企业营业收入 66018 亿元，占全国总量 61.3%，年均增长 14%，而西部地区乡镇企业营业收入仅 9098 亿元，占全国总量 8.5%，年均增长 16.1%。尽管西部地区增长快，但其基数小、规模小，东西部差距依然很大。

表 4—4　　　　　　西部乡镇企业概况（1998 年）

地区	乡镇企业数 （万个）	职工数 （万人）	年末固定资产 总额（亿元）	流动资产平均 余额（亿元）	利税总额 （亿元）
全国	2003.9	12536.5	13467.8	12958.6	3147.2
西部	422.7	1888.7	1110.5	933.3	167.8

地区	平均人数 （人/个）	平均利税 （元/人）	平均占用流动 资金（元/人）	平均占用固定 资产（元/人）	
全国	6.3	1.6	6.5	6.7	
西部	4.5	0.4	2.2	2.6	

表 4—5　　　东西部乡镇企业工业增加值比较（1998 年）（单位：亿元,%）

西部				东部			
省市	工业增加值	乡镇工业增 加值	比重	省市	工业增加值	乡镇工业增 加值	比重
重庆	481	96	20	北京	611	85	14
四川	1272	355	28	天津	588	195	33
贵州	273	69	25	上海	1647	483	29
云南	699	122	18	江苏	3158	1703	54
陕西	445	239	54	浙江	2445	1930	79
甘肃	312	49	16	辽宁	1664	895	54
青海	63	7	11	山东	3052	1736	57
宁夏	76	12	16	福建	1209	729	60
新疆	300	26	9	广东	3463	1475	43
西藏	9			广西	570	191	34
				海南	56	15	27
				河北	1822	1085	60

2006年，东、中、西部乡镇企业增加值占全国的比重分别为66.6％、27.5％、5.9％。全年乡镇企业营业收入超万亿元的有浙江、山东、江苏、广东、河北和辽宁6个省[①]。

我国农村工业化的现状表明农村工业化有力地推动了我国的工业化和国民经济发展，成为农村社会经济发展的重要源泉，而农村工业化尚未全面启动，西部地区与东部地区的差距较大。

二　我国农村工业化存在的问题

近年来，以乡镇企业为主的农村工业发展趋缓，主要表现在三个方面：一是吸收劳动力就业的能力下降，1996—1998年全国乡镇企业职工人数分别为13508万人、13050万人和13830万人，而2000年只有12819.6万人，呈连年减少之势。二是经营困难，企业亏损增多。1998年亏损的集体企业有7万个、亏损面6.7％，户均亏损26.06万元，比前一年增加7.2％。三是总体增长速度下降，1996—2000年全国乡镇企业增加值增长速度分别为21％、17.45％、6.97％、10％、9.14％，企业个数从1996年的2336万家下降到2000年的2085万家，营业收入增长率从1995年的53.97％下降到2000年的6.84％。农村工业化进程缓慢的主要原因可以归结为以下几个方面：

（一）农村工业布局分散导致综合效益不佳

我国农村地域广阔，因此以乡镇企业为主要推动力的农村工业化必然要在全国范围内因地制宜地实施，农村工业布局上的分散性有着不可扭转的客观必然性。布局的分散会给农村工业的发展带来很多问题：一是布局的分散不利于集聚效应的产生。多种

---

① "解读：'十一五'中国乡镇企业往哪走"，http：//www.chinagateway.com.cn/chinese/qy/65083.htm。

产业集聚而成的产业体系在一定的空间范围内可以共享企业发展所需的基础设施和公共设施，还可以在一定的产业联系下互为市场，从而使分属各个产业的企业获取一部分孤立状态下无法产生的效益，这就是集聚经济效益。企业集聚数量较少或不集聚则无法产生集聚效应，从而降低企业经济效益。另外，分散的布局客观上要求有完善的基础设施作为企业发展主要的硬环境，而我国交通基础设施在多年的扩张性财政政策支持下发展虽然迅速，但是仍未能满足社会经济发展需要。二是布局的分散给企业带来发展的"瓶颈"，严重影响企业规模的扩张。布局的分散使许多企业被拘束在一个狭小的空间范围内，不仅无力开拓市场增强企业发展活力，也难以为企业筹得发展所需的资金、人才、技术力量等重要资源。完备的配套设施要求企业必须进行更多投资，这也降低了企业的竞争力。在众多因素的束缚下，企业难以扩大规模，追求规模经济效益。三是分散的布局会导致资源的浪费。分散布局的农村工业会产生资源浪费问题，尤其是土地资源的浪费。农村工业化的推行使日本在 40 年间耕地面积减少 52%，韩国在 30 年间减少 46%，而我国非城市化的农村工业化使我国为之付出了比城市化道路高出 8 倍的土地代价。要提高农村工业的综合经济效益，加速农村工业化进程必须使其布局进一步集中化。

（二）地区发展不平衡，地区差距较为显著

农村经济改革之初，农民得以从土地上解放，生产积极性提高，农业生产力大大提高，大批农业剩余劳动力拥向新生的农村非农产业，资本积累和投入的不断增加进一步促进了农村工业的发展。经过二十余年的改革，农村三次产业的就业结构发生了重大变化，农村剩余劳动力已充分向非农产业转移，资本在国民经济各部门的流动限制也基本消失。由于制度变革对农村工业发的推动的潜力已经逐渐消失，农村工业被置于不断发展完善的存在激烈竞争的市场中自主发展。从我国农村工业化的现状来看，我国农村工业化水平较高的地区集中在东部沿海地区，而中西部农村工业化的全面发展仍需要在中部崛起和西部大开发的政策指引下加强交流，触发集聚和扩散效应。尽管国家把西部大开发和中部崛起作为推动东、中、西区域社会经济协调发展的重要战略举措并加大实施力度，农业部每年组织乡镇企业东西合作经贸洽谈会等活动以推动中西部乡镇企业的发展，经过几年的实践，取得了丰硕成果，确实加快了中西部乡镇企业的发展，发展速度上的差异有所缩小，但由于发展基础不同、基数差异太大等原因，使得东、中、西乡镇企业经济总量、企业的总体规模和水平以及经济运行质量等方面的差距仍在扩大。2006 年东、中、西部乡镇企业增加值占全国的比重分别为 66.6％、27.5％、5.9％，与上年同期相比，东部地区的比重上升 0.7 个百分点，而中西部地区相应下降 0.7 个百分点。全年乡镇企业营业收入超万亿元的有浙江、山东、江苏、广东、河北和辽宁 6 个省，这几个东部省份增加值总量相当于中西部地区总和的 1.75 倍。[①]

（三）农村工业产业结构调整面临重大挑战

在市场经济飞速发展下，我国的"短缺经济"已经结束，买方市场的格局已经稳定形成。企业的产业方向是否具有发展前景，产品的质量、档次、成本等是否符合市场需求，决定着企业的生存和发展空间。我国农村工业在计划经济体制下城市产业扩散中的复制和转移使得农村工业技术设备落后、产品科技含量不高、结构单一，在短缺条件消失下，廉价的劳动力生产已不再具

---

① "2006 年全国乡镇企业增加值 57500 亿元"，http：//www.chinagateway.com.cn/chinese/qy/64611.htm。

有市场优势，农村工业表现出了尖锐的结构性矛盾：农村工业与城市工业存在高度同构现象；农村工业内乡镇企业因长期的行政区域划分、交通不便等市场隔离因素作用产生产品门类多而雷同的现象，即使是同一乡镇也由于基于同一种指向而产生多个雷同产品企业无序竞争的现象；农村工业经济组织规模偏小，乡镇企业平均职工人数不到 7 人，固定资产平均不足 10 万元，而数量众多、分散的过度决定了其经营的粗放与低效；乡镇企业发展基础较差，资金、人才和技术投入严重不足，主流产品仍是低加工度、低附加值、低科技含量的产品，高新科技产业和外向型经济发展不足。此外，固定资产投资的盲目性和无序性在一些地区、一些行业依然存在，由此形成新的结构性矛盾，出现连年喊结构调整但收效并不显著的局面。在固定资产投资快速增长的背后，一些地区、一些行业在市场高额利润的吸引下，不考虑当地的资源条件、环保要求、安全生产以及市场前景等方面的制约因素，盲目、无序地上马一些不符合国家产业政策和宏观调控政策的项目，低水平的重复建设现象在一些地区仍然存在，特别是在冶金、建材、煤炭等能耗高、污染大但利润相对丰厚的行业表现更为突出。以山西省为例，该省焦炭、生铁、金属镁等主导产业的产能已经出现过剩苗头，成本不断上升，利润空间在缩小，效益逐步下滑。[①]

（四）农村工业存在生态环境污染与外部不经济等严重隐患

在全球经济一体化的背景下，世界各地加强了分工协作，也在追求基于社会效益的可持续发展。我国的农村工业化主要是在工业化进程中城市的工业扩散推动下发展的，一些高度污

---

① "2006 年全国乡镇企业增加值 57500 亿元"，http://www.chinagateway.com.cn/chinese/qy/64611.htm。

染的产业和落后的工艺被农村工业所吸收。而农村工业布局分散，在治理能力方面有很大的局限性，农村工业化不可避免地带来了生态环境的恶化。在一些主体以经济利润为导向的行为驱使下，农村生态环境遭到了严重的破坏，经济效益的提高远远不及社会效益的损失。农村工业布局的分散不利于对这种外部经济现象的纠正。随着我国城镇化进程的推进，环境污染问题日益凸显，而乡镇工业成为其中重要的污染源之一。从1984—1995年期间，我国乡镇企业污染源数量快速上升（见表4—6）。

表4—6　　　　　中国乡镇企业污染源及其变化情况

项目 \ 年份	1984	1989	1995
污染企业个数（万个）	18.16	57.15	121.60
污染企业工业总产值（亿元）	—	1004.00	19260.00

　　资料来源：王志雄：《可持续发展战略下农村新型工业化研究》，福建农林大学博士学位论文，2005年6月。

　　总之，我国农村工业的发展暴露出了以布局分散和结构性矛盾为核心的种种问题。要从根本上解决这些问题，当前最有效的办法是加大投入，改善农村工业发展的条件，引导农村工业可持续地高速发展。

第二节　我国农村工业发展的必然选择：
新型工业化

　　农村工业一般是指布局在农村地区的工业，但学术研究中提及农村工业化时指的是农村地区自我发动型工业，包括农村地域上除县级工业及国有企业之外的所有工业以及其他非农产业，即农村地域上乡镇办、村办、个体和其他私营形式工业的总称。这有助于深入考察农村工业化和农村发展的内部过程，也有助于全面揭示农民的经济行为和农村经济的内在联系，本书所谓的农村工业也指农村地区自我发动型工业。

农村工业化以工业化为内容，通过工业的建立和扩展并在经济中占据主导地位，使其他产业和社会生活的各个方面都得到改造。农村工业化是二元经济结构转化为三元经济结构的必要条件，与城市工业化一般有着不同的外延。农村工业化是在农村地区进行的工业化，地域性较强。国家或地区进行工业化时，追求形成范围比较广甚至较为完备的工业体系。农村工业化即各个省（直辖市、自治区）、市（地区）、县的部分社区发展工业及其他非农产业，通常要依托当地的资源优势发展特色优势产业。农村工业化是经济相对落后地区实行的工业化，发展路径较为特殊。农村工业化是在社会及经济已经发生了很大变化，整个社会及经济呈现出异质性的情况下，在不具有优势的地区或社区进行的工业化。因此，农村工业化应吸取城市工业变革过程所积累的经验教训，寻求部分技术和资金支持，同时，要克服体制转换过程缓慢，市场极不完善，资金、劳动力、信息的流动不充分等不利条件的影响，不同地区的农村工业化不可能是同一模式，必须从各地具体情况出发采用不同的启动与发展方式，并形成不同的发展模式。

农村工业化是农业资源配置转向工业转变的过程。农村工业化的提出缘于农村剩余劳动力转移问题的解决，主要通过发展工业以改造传统农业并最终消除城乡的二元经济结构。因而，农村工业化不仅是一个经济问题，也是一个社会问题。基于社会经济发展面临的严重的环境与资源问题,党中央提出了科学发展观,强调了从单一注重财富增长到经济、社会与环境协调发展多位目标的转变,要求做到:从主要注重物质资料增长到坚持以人为本、全面发展;从单纯为了数量扩张到数量、质量、结构、效益兼顾;从主要注重静态资源配置到注重动态资源配置,实现可持续发展。针对中国发展过程中面临的资源短缺与浪费、环境污染、生态恶化、人口素质低、社会经济发展不均衡等现实问题,尤其是国内农村工业化过程中所暴露出的效益低下、结构与布局失衡、污染严重等问题,科学发展观的提出是极其正确的、必要的、及时的。

科学发展观要求工业化发展必须脱离传统模式,寻求经济、生态、可持续发展相结合的新路子。新型工业化作为对传统工业化的改进,主要的含义是:坚持以信息化带动工业化,以工业化促进信息化,走出一条科技含量高、经济效益好、资源消耗低、环境污染少、人力资源优势得到充分发挥的新路子。新型工业化的概念包含了三个方面的含义:其一,注重信息化。中国是一个后发展的国家,与发达国家先发展工业化的道路不同,可以在发展工业化的同时,推进信息化,以信息化带动工业化以工业化促进信息化发挥后发优势。其二,强调环境、能源、生态的和谐。不能过多地牺牲环境寻求发展,不能走"先发展、后治理"的发展模式,应该在推进工业化的过程中强调生态建设和环境保护,强调处理好经济发展与人口、资源、环境之间的关系,走可持续发展之路。其三,重视效益和就业。中国的国情是人口多、劳动力成本比较低,要在工业化的进程中处理好资本技术密集型与劳动密集型产业的关系,充分考虑技术的经济性与可行性问题,处理好高新技术产业和传统产业的关系,处理好虚拟经济与实体经济的关系。

在科学发展观的指导下，农村工业化也应以新型工业化为战略方向，重点解决农村经济、社会、生态的协调问题，使农村工业化、农业产业化、农村城镇化相互促进，走出一条科技含量高、经济效益好、资源消耗低、环境污染少、人力资源优势充分发挥，全面、协调、可持续发展的工业化发展模式。农村新型工业化的实施必须包括以下五个要点：

第一，努力实现农村工业经济的不断增长。可持续发展的核心是不断地增长。历史的经验和教训告诉人们，落后和贫穷不可能实现可持续发展的目标，要消除贫困，提高人民生活水平，就应该把发展经济放在首位。农村经济发展是农村一切事业发展的物质基础，也是实现农村人口、资源、环境协调发展的根本保障。以增长为核心的农村新型工业化体现在工业领域，它的目的绝不是要停止工业化，或限制工业的发展，而是要大力推进工业化和现代化，不断满足人们对工业品日益增加的需要，不断提高人们的生活质量，实现工业增长与人口、资源、环境的协调发展。

第二，寻求资源和能源的节约及永续利用。科学发展观体现在农村工业化领域最突出的一个要求，就是要注意自然资源的合理开发与节约使用，既要考虑当前发展的需要，又要考虑未来发展的需要，不以牺牲后代人的利益为代价来满足当代人的发展。在农村工业发展中加强对自然资源合理开发、利用和保护，减少自然资源的损耗速率，努力挖掘可再生性资源，这是工业可持续发展的极其重要的体现和要求，也是代际公平性的体现和要求。针对当前农村工业化过程中资源和能源浪费、因大量排放污染物造成的环境污染、工业品设计制造缺乏对健康与环保的考虑，以及终端污染控制治标不治本等传统生产方式导致的发展不可持续，新发展模式要求节约使用能源和资源，把污染控制在生产过程中，降低企业的生产成本，提高经济效益，减少或消除环境污染，大力发展循环经济，为下一代人留下足够的资源和良好环境。

第三，强调工业品制造要以有益健康、环境友好为标准。传统工业设计和制造产品主要考虑的是它的使用功能或增加其审美功能，而对产品使用过程中或使用后对人的健康和生态环境潜在的负面影响关注不够。随着环境问题的提出和人们认识的提高，世界上相继出现了绿色消费、绿色设计、绿色制造、绿色采购等为代表的绿色革命浪潮，绿色行销业已成为目前先进企业的新式武器。这说明人们对工业品需求已不仅仅局限于它的使用功能，已把关心健康和环境作为一个重要标准运用到工业产品设计、原料选择、工艺改革、技术进步和生产管理等各个环节。

第四，注重以信息化促进工业化。充分发挥信息化在推进农村工业化中的巨大作用，运用信息技术来改造传统农村工业、流通业。要大力推进企业信息化，在设计、研发、生产、营销、管理的全过程和各个环节积极推广和运用网络技术，整合各种资源，再造服务流程，优化组织结构，提高竞争能力，积极推进高新技术研究及其产业化，发展对经济增长有重大带动作用的高新技术产业，运用高新技术和先进适用技术改造和提升农村传统工业。

第五，密切关注并解决"三农"问题。以工业的理念指导农业生产，推动农业产业化，通过农村工业化调整农业产业结构和建设现代农业生产体系；农村工业化可以促进城镇化，统筹城乡经济社会协调发展，通过农村工业化把相关产业聚集到城镇上，为农村城镇化奠定基础，为农村城镇化提供基础设施建设；农村工业化可以促进农民的分工分业，农村剩余劳动力得到转移，推进农民的非农化进程，提高农民收入。

第三节　高速公路对我国新型农村工业化
进程的促进作用

高速公路的发展可以有效解决农村工业化现存的问题，促进农村工业化的快速发展，在我国新型农村工业化进程中发挥积极的促进作用。高速公路对我国新型农村工业化的主要影响作用表现在以下几个方面：

一　高速公路以较强的集聚效应促进农村工业集中布局

农村工业布局的分散向集中发展包含有厂址、地点和地区三个层次的生产力布局阶段，各种区位条件因素在其中起到了很重要的作用（见表4—7）。

高速公路这一现代基础设施的出现对各种区位因素有很强的改善作用。高速公路能改善沿线地区的经济地理位置，大幅度降低运费，提高运输通达性，有利于沿线地区矿物原料及燃料动力开发，等等，这些都对生产力的地区布局有很强的推动作用，为农村工业向沿线地区布局创造了条件。在高速公路经过的地区尤其是许多中小城镇，经济发展有一定的基础，工业发展所需的各种基础设施较完善，经济地理位置相对较好，容易吸引农村工业向这些地区优先集聚。高速公路对区位因素的改善以及政府政策的利好扶持推动了高速公路沿线尤其是城镇地区的各种工业园区的建立与发展。工业园区等工业集聚区的规划和发展避免了分散布局状态下的资源浪费，也使各种产业形成合理的结构体系，各种工业能在逐渐发展完善的社会化服务体系中互相促进，通过集群化的发展获取集聚经济效益和规模经济效益，提升农村工业的整体竞争力，这是高速公路所引发的由点成片的极化集聚过程，能有效地解决农村工业化发展中分散布局的弊端。

表 4—7　　　　　　　生产力布局主要阶段的影响因素

区位因素	地区布局	地点布局	厂址布局
1. 自然因素			
矿物原料与燃料动力	++	+	—
水资源	+	++	+
土地资源	—	+	++
地形地质	—	—	++
2. 经济因素			
现有经济基础	++	+	—
基础设施	+	++	++
集聚作用	+	++	++
居民、劳动力质量	++	—	—
3. 社会政治任务			
均衡布局	+	+	—
民族政策	+	—	—
环境保护与生态	—	+	+
4. 运输与费用	++	+	+
5. 经济地理位置	++	+	+

　　注：①"＋＋"、"＋"表示各因素对该布局阶段产生影响的强弱程度，"—"表示基本上不影响；②"厂址"除工业企业外，还包括运输枢纽及第三产业设施。

二　高速公路发展有助于农村工业的结构调整及集群化发展

高速公路的发展能促使工业结构进一步合理化和高度化。西方发达国家在产业结构演进中将劳动密集型产业向农村地区转移，由于农村工业发展的主要动力原是为满足短缺的农村市场需求，而今出现了农村工业内部与城市工业的同构现象，并没有一般产业转移后地区之间的优势互补。所以我国农村工业结构有待调整。农村工业产业结构调整的目标是在接纳城市产业扩散的同时，注重产品的深度加工及其附加值和科技含量的提高，以城市作为主要发展市场，与城市的工业实现结构上的互补。随着我国加入世界贸易组织和全球经济一体化的发展，农村经济还需要进一步调整结构，参与更宽广范围内的分工与协作，致力于发展外向型的经济。农村工业的结构调整还包含农村工业部门以外的非农业结构调整。我国农村工业化的现状是产业结构为"橄榄形"的不合理局面。农业产业化与第三产业位于"橄榄"两端，发展严重滞后，农村工业的结构调整除了工业内部的结构优化和升级外还应加强这两方面的发展。党的十五届三中全会将农业产业化定义为"农村出现的产业化经营，不受部门、地区和所有制限制，把农产品的生产、加工、销售等环节连成一体，形成有机结合，互相促进的组织形式和经营机制"。农业产业化最基本的内容是农业与非农产业的整合。高速公路开通后沿线地区百业俱兴，可以促进农业向专业化生产方向发展。农业生产的专业化加强了农业与关联产业的联系，将促成横向联合或农、工、贸一体化的纵向联合，使农产品生产专业化、规范化、布局区域化和协作化。高速公路的开通为沿线地区农业龙头企业的产生奠定了基础，龙头企业则可以引导地区主导产业发展，并将农业生产的产前、产中和产后纳入企业管理，有利于农业生产以市场为导向，提高农业效益，带动农业产业化的发展。农业的产业化是农村工业化相对于城市工业化的差异化发展，是农村工业化的重要组成。没有农业产业化就没有农村工业对传统农业的改造。农村地区第三产业的发展也属于农村工业化的重要内容。第三产业的发展是地区产业结构高级演进的标志。高速公路发展加强了城乡联系，高速公路沿线地区的第三产业从城市复制转移，可以满足当地需要，获取快速发展的同时推动其他非农业的发展。科学合理的产业结构配置与工业园区的结合促进了高速公路产业带上产业集群的形成，农村工业通过集群化发展可以改变其粗放发展、浪费资源、效率低下的原有弊端，以集约化、规模化、高效化等手段提高竞争力，增强可持续发展潜力。

三   高速公路发展可以推动区域农村工业的均衡发展

我国东部沿海地区经济基础好，改革开放也较早，所以农村工业化水平相对较高。广为人知的农村工业化成功模式无不是在东部发达地区产生的。西部地理环境相对较差，经济基础薄弱，在政策向东部倾斜的改革过程中，逐步拉大了与东部的差距，农村工业发展处于较低水平。按照邓小平的发展理论，东部优先发展到一定程度后要反哺西部，带动西部经济的发展。但是加强东西部交流的前提是东西部在空间上要有良好的可通达性。在我国在建的"五纵七横"国道主干线中，承东启西的有丹东—拉萨、青岛—银川、连云港—霍尔果斯、上海—成都、上海—瑞丽、衡阳—昆明等。东部与西部地区经济发展的不平衡很大程度表现在农村工业发展的差距上，这种差距不仅导致全国经济发展失衡，更会影响小康生活的全面实现。当推动农村工业发展的制度变革推动力逐渐消失时，西部农村工业化的战略应该是依靠东部地区的扩散推动，以市场需求为导向，发挥地区优势，促进农村工业向高质量、高速度、高效益方向发展。依靠国家的西部大开发政策，在基础设施较好的地区（尤其是高速公路沿线）以各种形式实行多轮驱动、多轨运行的农村工业发展方针，加强对东部地区产业结构开放扩散的资金、技术和人才的吸收。在加强与东部的经济联系中，西部地区一方面可以发挥与西部的航天、航空、电子、机械等主导优势产业的协作和配套的半成品或零部件生产的农村工业生产优势；另一方面还可以靠西部丰富的农特产品，比如，皮革、羽绒、中药材、烤烟、茶叶等的生产和精加工，增强独立发展能力，与东部形成优势互补。东西部农村工业发展的差距是可以缩小的，我国农村工业化的后续是西部地区依靠东部地区的带动而快速发展，但西部地区农村工业化快速发展的前提是基础设施，尤其是承接东西的交通通道的全面发展，所以高速公路的发展对推动我国全面的农村工业化具有重要的意义。

四 高速公路有利于发展环保高效的农村工业

高速公路能加速农村工业融入城市工业、加强农村工业的对外交流。农村工业部门在农村工业化的内涵界定中被宽泛地包含了农村非农业产业部门。所以，其范围广泛，与广大农村有着紧密联系。而农村工业成为三元结构中独立的一元后，其发展趋势应是推动农村经济发展的同时加强与城市工业的联系，促进经济结构一元化和城乡一体化的发展。城市是创新的主要发源地，城市工业有着先进的管理理念，有工业发展的丰富经验，只有城乡工业交融才能使农村工业在发展中保持观念更新，打造国际知名企业。珠江模式依靠与香港、澳门地区及广州等地联系紧密，引进国际、国内先进管理，成就了许多大乡镇企业。以高速公路连接的城乡工业能实现优势互补共同促进以外，农村工业还可借鉴城市工业发展的经验教训，以标准的规范在发展农村工业的同时，注重生态环境的保护以及资源的节俭，从而获得可持续发展。农村工业对外交流中可以引进资金、先进技术、管理经验以外也可以扩大农村工业的输出。原先农村工业的分散和封闭严重约束了农村工业的发展空间，高速公路的开通使农村工业集聚并且能以高速公路的连接扩大市场范围，增强发展潜力，利于农村工业的持续增长。

高速公路的开通不仅拉近了城乡的相对距离，而且在信息沟通中促进相关信息产业的发展，并且将优秀的管理经验、先进的工艺技术引入农村，推进农村地区绿色环保资源的开发和环境的治理，在带动经济发展过程中推动"三农"问题的解决。

总之，高速公路的发展可以推动农村工业在空间上的结构调整，摆脱布局分散的发展桎梏，同时还可以推动农村工业的产业结构调整和优化，增强农村工业发展动力，也可以帮助西部的农村工业发展，促进我国农村新型工业化水平的全面提高。

第四节　国内主要高速公路经济带农村工业化分析

我国内地高速公路发展的时间不长，在两侧地区形成较为成熟的高速公路经济带的高速公路有沪嘉高速公路、京津塘高速公路、沈大高速公路和广深高速公路等。国内主要高速公路经济带对农村工业的影响表现在高速公路经济带在高速公路建成后几年间农村工业化的进展上，主要包括以下几个方面：

一　高速公路经济带推动了农业产业化的发展

高速公路缩短了农产品的储运时间，带动产业带内农业产业结构的调整和农业产业化的发展。京津塘高速公路建成后沿线各种保鲜蔬菜、名贵花卉等在北京、天津得到了更好的发展，农村工业化进程加快。广深高速公路建成后，东莞市 1993 年的农业总产值近 20 亿元，建立了粮食、甘蔗、荔枝、香蕉、花卉、水产、生猪等农业外向型生产基地，创办了集科研、推广、培训、生产、加工于一体的万亩农业新技术综合开发区，其中包括温塘年丰山庄、石龙德星无菌培育植物有限公司、桥头农业科技实验园、虎门马金山养殖场、厦岗水产养殖场等一批农业产业化龙头企业。虎门镇水果、畜牧等各种类型的生产基地 122 个，农产品机器加工后出口种类达到 200 多种，极大推动了农业的产业化发展。

二　高速公路经济带推动了高新科技工业园区的建立

高速公路经济带推动了高新科技工业园区的建立，促进了农村工业的集聚以及产业结构水平和经济效益的提高。上海莘松高速公路沿线松江县开辟了占地 20.56 平方公里的松江工业园区，并在短时间内吸引了 130 多个项目落户。沈大高速公路在开通后不久沿线五市共建有各类工业园区 85 个，占全省工业园区数量的一半。京津塘高速公路也在建成后不久便兴起各类工业园。以天津武清县为例，1992 年武清县在高速公路开通以后便建起了高科技产业园，两年后，该园进驻了 114 家中外企业，涉及电子信息、新材料、机电一体化、生物工程、新能源等 10 多个高科技领域行业。广深高速公路自筹划开始就有经济开发区的成片出现，许多为镇级、乡级、村级经济开发区，开发区的种类有工业、贸易、农业经济、高新科技等。东莞市 1993 年 29 个镇区中有 19 个镇区开发了总计 232 个经济开发区。

沪嘉高速公路沿线的桃浦、南翔、马陆、晋戈滨等乡镇的企业，无论在数量和规模上，还是经济效益方面都比周边地区具有优势。在 1990—1993 年沪嘉高速公路沿线乡镇企业固定资产规模平均增长 30.4%，工业利润平均增长 29.3%。广深高速公路建成后，东莞市 1993 年乡镇企业有 10635 个，产值达 94.5 亿元，分别比 1986 年增长了 1 倍和 8 倍；广州市 1994 年实现乡镇企业产值 506 亿元，比 1993 年增长 57.8%；增城市 1993 年乡镇企业有 14295 个，实现产值 47 亿元，分别比 1988 年高速公路开通前增长了 0.3 倍和 6.3 倍；深圳宝安区 1993 年乡镇企业的个数为 14679 个，产值为 52 亿元，分别是 1989 年的 1.4 倍和 3 倍。沈大高速公路沿线五市 1993 年乡镇企业个数为 37.2 万个，产值为 1166.2 亿元，1990 年以后，每年递增分别为 34.5% 和 58.8%，以占全省 47.5% 的乡镇企业数量创造了 71% 的全省乡镇企业产值，说明高速公路沿线乡镇企业规模和效益水平高于全省平均水平。

在新兴的高速公路经济带中，京珠高速公路韶关段 2002 年通车后，在经过的 20 个乡镇中建起了工业园区、现代农业示范区和绿色生态基地等经济区，其中乳源县富源等 7 个工业园已动工建设 186.7 公顷，进园企业 6 家，总投资逾 5 亿元，曲江县白土工业园已进项目 14 个，引资 4.5 亿元。

三　高速公路经济带促进了沿线农村地区其他产业的发展

高速公路的开通相对缩短了地区间的时空距离，推动了商业的繁荣。莘松高速公路通车后 3 年间，社会商品零售总额和集市贸易额合计比通车前 3 年分别提高 53% 和 67.3%。沈大高速公路通车 5 年后，沿线兴起商品市场约 1000 个，拥有南台镇箱包市场、灯塔县佟二堡皮衣市场、鞍山西柳服装市场等著名专业市场。1994 年西柳市场周围乡镇 65% 以上的劳动人口从事服装经营和运输，西柳镇内有银行储蓄所 48 家，饮食店 200 多家。京津塘沿线的武清县依托物流而迅速发展，京珠高速公路韶关段位于广东、湖南等省区结合部的马坝镇、乳城镇、坪石镇、翁城镇建起 4 个物流中心。沈大、沪嘉、莘松、京津塘、广深等高速公路通车后沿线旅游资源得到了充分开发，旅游业成为农村工业化中发展较快的一个产业。高速公路经济带还使农村地区房地产工业从无到有异军突起，1994 年东莞市注册房地产公司就多达 80 多家。

　　总之，国内主要高速公路在建成后不久即在沿线地区引起了农村工业化的重大变化，农村工业企业大量集聚，产业的结构水平不断提高，提高了农村工业化的速度和水平。

第五章

高速公路对我国农村
城镇化的影响研究

第一节　我国农村城镇化及其发展现状

一　农村城镇化的基本内涵

　　人们对农村城镇化内涵的理解有很多种，比如，城镇化是指县域范围内农村人口向城市或城镇的转移现象；城镇化是指人口向城市转移与产业向城市聚集的过程；城镇化是指农村地区农业人口转变为非农业人口，农村地区的产业结构、农村居民的价值取向和思想观念及生活方式趋同于城市居民的过程。本研究将农村城镇化的基本内涵界定为前面所说的较为广义的城镇化的含义：以城镇的发展为依托，以非农产业的发展为内在动力，通过市场机制和政府调控推动的城乡融合的一体化发展现象，包括农业人口向非农产业转移、向城镇地区转移及其生活方式、思想观念、价值准则和行为方式等方面与城镇居民的趋同化。

　　农村城镇化的基本内涵包括以下四个方面。第一，农村生产要素向非农产业转移和城镇聚集。城镇化作为城乡生产方式和生活方式融合的过程，其直接体现是农村劳动力向非农产业转移和农村人口向城镇集中，同时，农村非农产业的发展，推动城镇的产生与发展，进而促进农村劳动力向非农产业转移和农村人口向城镇集中。第二，城镇数量和规模的扩大化。农村城镇化就是城乡一体化的过程，要实现城乡融合，必须依赖于非农产业发展和生产要素向城镇聚集，形成结构合理的由大中小城市、中心城镇和小城镇等不同等级城镇形成的城镇体系。第三，农村和城镇的生产方式和生活方式趋同化。通过城镇产业经济、生活方式不断地向农村输入，促进农村经济社会结构与城市趋同。第四，城乡一体化程度不断提高。城镇化发展的高级阶段就是城乡作为一个整体高度融合。农村城镇化包括人口、经济、技术、社会、生态等多方面的变化，以农民职业转换、非农产业聚集和农村人口空间转换为主要特征。由于农村经济结构的调整，导致农业向非农产业和城镇空间聚集，农村人口逐步地由经营农业转变为经营非农产业，进而农村人口的价值观念、行为方式发生变化，从而对农村经济发展、地域空间体系重组产生影响。农村城镇化的发展过程如图5—1所示。

截至2006年年底，我国城镇人口为5.77亿人，城镇化水平43.9%，比2005年提高0.9%。城镇化水平正以每年约1%的速度增长，预计我国在2020年前的城镇化进程中，将有3亿农村人口进入城镇或成为城镇人口。这是一项划时代的"社会工程"，这个进程在中国人口众多且农民占大多数的背景下不仅是个长期的发展过程，而且需要全方位地通过社会经济发展的影响因素力促农村城镇化的推进。

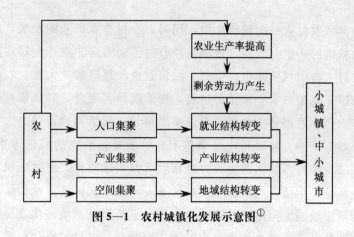

图 5—1   农村城镇化发展示意图[①]

二 我国农村城镇化的现状

(一) 投资成为影响农村城镇化发展差异的决定性因素

人们对城镇化通常的理解是人口从分散到集中，农村人口转化为市镇人口，农村地域转化为城镇地域，农业活动转为非农业活动，农村价值观念和生活方式转化为市镇价值观念和生活方式的综合转化过程。农村的城镇化是城市化的重要组成，主要是指农村人口向农村地区的小城镇转移集聚中的"镇化"过程，从而农村城镇化的主要实现形式和基础是小城镇的产生和发展。当前我国小城镇建设的动力机制已较改革开放之初有了重大改变，投资成为影响城镇化发展差异的决定性因素，追求集聚效益成为农村城镇化的根本动因，在相当长的一段时期内，我国大中型建设项目进而城镇的建设曾经都由国家统一计划立项，完全由国家出资建设。改革开放一段时间后，我国出现了多种经济形式并存的格局。农村工业的快速崛起推动了大规模的自下而上的城镇化，并使之成为我国城市化的主要方式之一。1995 年，全国基本建

---

① 冯尚春：《中国农村城镇化动力研究》，经济科学出版社 2004 年版。

设投资资金来源中，自筹和其他资金高达 55.7%，而国家投资比重已下降到 6.8%。城镇化的资金来源目前已经实现多元化，国家投资、银行贷款、自筹资金、外资等多种资金来源共同形成城镇化发展的动力。我国 1952—1989 年在非县城基础上建立起来的城市有 54 个，其中绝大多数是国家大中型建设项目的产物，说明集聚效益是城镇化的根本动因，而城镇化的主要动力主体是国家计划。改革开放以来，国有企业经营自主权增强，农村工业发展迅猛，外资企业不断增多，个体经济发展繁荣，多元的投资主体为追求集聚效益而成为城镇化的投资主体，并影响了城镇化的速度和水平（见表5—1）。一般而言，农村工业发展推动的小城镇建设规模较小，布局分散，而外资对城镇化的水平规模发展推动较大。

表5—1　1994 年部分省区基本建设资金来源及其城镇化速度

地区	基建投资（亿元）	人均水平（元/人）	城镇化较1991年提高（%）	资金来源构成（%）				
				国家预算	银行贷款	外资	自筹	其他
全国	6436.74	537.07	3.78	6.75	24.60	14.17	43.82	9.08
辽宁	329.67	810.60	3.07	3.94	22.06	18.09	41.70	9.27
吉林	136.67	530.96	3.87	3.83	26.90	21.82	33.69	9.45
黑龙江	170.50	464.32	2.15	7.39	25.31	7.90	40.30	15.50
江苏	256.36	365.13	4.96	4.36	19.39	20.74	57.45	11.28
浙江	221.06	514.80	2.51	3.29	14.23	13.48	64.10	12.88
福建	173.27	544.36	2.95	2.62	22.65	14.06	46.06	10.19
广东	840.80	1251.99	11.94	1.73	15.24	28.84	41.67	7.84
四川	297.26	265.08	3.46	7.70	30.05	7.24	38.83	9.90
贵州	57.85	167.29	2.13	9.14	32.90	2.30	33.76	13.55

（二）农村城镇化稳步推进

正如前文所述，改革开放使农村工业异军突起，强有力地带动了农村非农化及农村城镇化的发展，农村城镇化在各种层次的城市化中占据了重要位置。近年来，小城镇的发展对城市化进程作出了重大贡献，在解决农村剩余劳动力转移上发挥了积极作用。1980—1998 年全国城市由 220 个到 668 个的增加中，非农业人口在 20 万人以下的小城市由 150 个增加到 377个。改革开放 20 年间，县级市由 90 个增加到 437 个，建制镇由 2173 个增加到 20312 个。1998 年初，全国的小城镇多达49000 多个，其中集镇 31000 多个，小城镇总人口为 60368.39万人，集中了具有一定规模的乡镇企业 100 多家，各类专业集贸市场 6 万多个，吸收剩余劳动力达 6000 万人。1995 年全国小城镇和村庄建设成就博览会资料表明：1994 年全国小城镇的通电率达到 98.2%，自来水用水人口建制镇达 72%，农村集镇达 48%，全国 5 万多个建制镇和农村集镇中共有文化设施4.6 万个，卫生设施 4.5 万个，集贸市场 5.2 万个，铺装道路24.57 万公里。1984—1994 年 10 年间，全国村镇人均住宅面积由 12.27 平方米增至 16.43 平方米，其中楼房比重由 22.5%增至 50.8%。[①] 我国农村城镇化二十余年来实现了飞速发展，但随着经济二元结构逐渐被瓦解，小城镇增加的速度将逐步趋缓，农村城镇化的重心转移到现有小城镇的规模扩张上。假设小城镇的数量增长速度逐渐变慢，则中国农村小城镇变化和发展可作大致估计如表 5—2 所示：

---

① 胡顺延等：《中国城镇化发展战略》，中央党校出版社 2002 年版，第 106页。

表 5—2 　　　　　我国建制镇数量预测（2010—2050 年）　　（单位：个）

年份	2010	2030	2050
平均增长数	600	500	400
建制镇数量	26571	36571	44571

表 5—3 　　　　　1997—2003 我国城镇化发展情况　　（单位：万人，%）

年份	城镇人口	人口城镇化率	城镇人口比上年增长	人口城镇化率比上年提高百分点	工业化率
1997	39499	31.91	2145	1.43	43.5
1998	41608	33.35	2159	1.44	42.6
1999	43748	34.78	2140	1.43	42.7
2000	45906	36.22	2158	1.44	43.6
2001	48064	37.66	2158	1.44	43.5
2002	50212	39.09	2148	1.43	43.7
2003	52376	40.53	2164	1.44	45.3

（三）隐性城镇人口较多，农村城镇化水平滞后于农村工业化水平

从国家统计部门公布的统计数据看，我国城镇人口的增长比较平缓（见表 5—3），但这不包括隐性城镇人口。隐性的城镇人口是指达不到国家统计部门制定的市镇人口标准的实际居住、工作和生活在各类城镇的人口。国家统计部门公布的统计数据是显性的城镇人口数量以及显性的城镇化水平，而城镇中隐性城镇人

口较多，实际的城镇化水平较高。在农村城镇化的过程中，隐性城镇人口的产生是最多的，目前我国的隐性城镇人口主要包括以下三种：一是长期居住、工作、生活在城镇的农民工。1992年邓小平同志南方谈话以后，我国出现了"民工潮"，1993年我国农村劳动力进城务工经商的规模达到了6000万人左右，而1995年则达到了8000万人的高峰。二是居住在非建制镇（农村集镇）的城镇人口。据估计，1998年我国有乡26402个，乡集镇约19802个，乡集镇非农业人口约2000万人；乡以下集镇约10522个，非农业人口约170万人，两者合计约有2170万人。三是分布在各类城镇的乡镇企业职工。1998年我国的乡镇企业2004万个、职工12537万人，乡镇企业约20%分布在各类城镇，那么，这部分企业职工约2500万人是事实上的城镇人口。所以，1998年的隐性城镇人口约9800万人，加上显性城镇人口37942万人共有城镇人口47743万人，实际的人口城镇化水平为38.3%，比显性人口城镇化水平30.4%高7.9个百分点。农村工业化为城镇的形成和发展提供了经济基础，是农村城镇化的动力，农村城镇化反推动农村工业化的健康发展，两者相互促进，发展水平应该是同步的。但是，与我国城市化的总体特征一致，我国的农村城镇化水平滞后于农村工业化水平。1998年我国第二、三产业从业人员共有35119万人，比1995年增长9.29倍，占全社会就业人口的50.2%；第二、三产业的产值为64796.1亿元，是1952年的18.28倍，占国内生产总值的81.6%；城镇人口为37942万人，增长4.3倍，占总人数的30.4%。第二、三产业的从业人员数以及创造的国内生产总值增长速度均快于城镇人口的增长速度，所以1998年第二、三产业的从业人员比率、国内生产总值的非农化率分别与人口城镇化率相差19.8个和51.2个百分点，这是1952年以来城镇化发展滞后于工业化的结果。

城镇人口从 1949 年的 5000 万人发展到 2005 年的 5.62 亿人，城镇化率达到 43％。而实际上，43％的城镇化率是"虚高"的，因为这其中包括了 1.3 亿农民工和他们的家属，这些人与真正意义上的市民还有相当大的差别，他们的工作、生活条件都很差，达不到城市生活的水准，原因在于："土地城镇化"的过快，而农民及其家属却未被城镇化，"城镇区域"的产业结构并未转型，缺乏产业支撑力，基本上没有城镇的基础设施供应，实际上仍然是农村。

（四）农村城镇化形成的城镇等级规模小、空间分布不均

我国的农村城镇化长期以来是由分散的农村工业推动的，导致了数量众多、等级规模小的城镇"遍地开花"，城镇体系呈金字塔形发展。

表 5—4 说明我国城市化进程中城市数量的增长主要来源于县级市数量的增长，与此同时，建制镇数量的增长说明了农村城镇化对城市化的带头作用，但是农村城镇化过程中形成的城镇等级较低、规模较小。表 5—5 说明中小城市非农人口数量和比重随着城市数量的增多而增加，说明中小城市在规模上的扩大，而建制镇数量增多过快，非农业人口比重呈下降趋势。表 5—6 的中小城市结构状况说明超过半数的地级市属于中小城市，规模较小，1/4 的县级市的人口规模在 5 万—20 万人范围内，说明我国的农村城镇化推行范围较广，但没有取得规模优势。

除了城镇等级规模小之外，我国农村城镇化还表现出东部、中部、西部地区分布不均的特征（见表 5—7）。无论在城市数量、非农业人口数量还是在城市规模上，东部、中部、西部都呈等级分布状态，这也决定了东部地区在人口城镇化率、就业非农化率、经济非农化率等指标上都比中部和西部具有绝对优势。

表 5—4　　　　　1949—1998 年城镇行政等级演变情况（单位：个，个/%）

项目 年份	城市 合计	直辖市	副省级市	地级市	县级市	建制镇
1949	135	12/8.9	—	55/40.7	68/50.4	2000
1957	176	3/1.7	—	72/40.9	101/57.4	3672
1977	190	3/1.6	—	97/51	90/47.4	2173
1985	324	3/0.9	—	162/50	159/49.1	9140
1993	570	3/0.5	—	196/34.4	371/65.1	15805
1998	668	4/0.6	15/2.3	212/31.7	437/65.4	19216

说明："建制镇"一栏中 1957 年为 1956 年数据，1977 年为 1978 年数据。

表 5—5　　　　　1949—1998 年中小城市非农业人口规模演变

（单位：个，万人，%）

项目		1949	1957	1978	1984	1993	1998
20 万— 50 万	个　数	17	36	59	81	160	205
	人口数	—	1073	1854	2547	4733	6283
	非农人口比重	—	11.8	15.5	15.6	19.4	21.3
20 万 以下	个　数	105	112	94	169	342	377
	人口数	—	1112	1118	1866	3836	4437
	非农人口比重	—	12.2	9.3	11.4	15.7	15.2
建制镇	个　数	2000	3672	2173	7148	15805	19216
	人口数	—	3091	4039	5228	6683	2341
	非农人口比重	—	34	33.7	32.1	27.4	25.1

表 5—6　　　　　1998 年中小城市结构状况　　（单位：个，万人，%）

项目		合计	20万—50万		10万—20万		5万—10万		3万—5万		3万以下	
			城市	人口	城市	人口	城市	人口	城市	人口	城市	人口
地级市	数量	211	117	3913	28	421	1	9	—	—	—	—
	比重	100	55.4	39.6	13.3	4.3	0.5	0.1	—	—	—	—
县级市	数量	434	88	2317	217	3068	105	836	17	69	7	13
	比重	100	20.3	36.7	50	48.7	24.2	13.3	3.9	1.1	1.6	0.2
合计			205	6230	245	3489	109	845	17	69	7	13

表 5—7　　　　　1998 年中国城市空间分布状况　　（单位：个，万人，%）

项目		合计	东部地区		中部地区		西部地区	
			数量	比重	数量	比重	数量	比重
城市		668	300	44.9	247	37.0	121	18.1
城市非农人口		21734	11162	51.3	7338	33.8	3234	14.9
全国总人口		123282	50739	41.2	44033	35.7	28150	23.1
地级市	城市	212	93	43.9	83	39.1	36	17.0
	城市人口	9817	4299	43.5	4104	41.6	1468	14.9
县级市	城市	437	194	44.4	161	36.8	82	18.8
	城市人口	6303	2969	47.1	2377	37.7	957	15.2
20万—50万	城市	205	90	43.9	79	38.5	36	17.6
	城市人口	6230	2840	45.6	2364	37.9	1026	16.5
20万以下	城市	377	167	44.3	134	35.5	76	20.2
	城市人口	4416	2058	46.6	1596	36.1	762	17.3

西部地区农村绝对贫困人口到 2006 年底仍有 1175 万人，占

全国农村绝对贫困人口的 54.7%。西部地区城镇化水平总体上看仍然较低，滞后于中部和东部地区的发展，难以适应西部大开发的需要。主要表现为：西部城镇数量较少，全国 668 个建制市，西部仅有 121 个，只占 18.1%；西部城镇体系发育不全，缺乏大城市，中小城镇尚处于起步阶段，吸纳剩余劳动力的能力有限。要实现中国经济社会发展的地区和谐，必须先实现西部的可持续发展，必须把相当多散居在生态脆弱区的人口转移到城镇来，实行城镇化。

总之，我国农村城镇化中投资已成为影响城镇化进程的重要因素，农村工业化的快速发展使农村城镇化异常活跃，在东部、中部和西部经济发展水平差异影响下，东部、中部和西部的农村城镇化表现出不同的水平特征，而总体上我国农村的城镇化落后于农村的工业化。

三　我国农村城镇化发展存在的问题

我国农村城镇化在几十年的发展中取得了可喜的成绩。农村城镇化促进了小城镇的发展，小城镇分布在广大的农村，就近集中了乡镇企业，吸收了大量农村剩余劳动力转移和大中城市的产业辐射；小城镇承启了乡村和大中城市，在城乡交流和一体化中发挥了重要的协调作用。但是，我国农村城镇化在发展中也表现出一些明显问题，主要有：

（一）城镇建设分散，规划不尽科学

我国的农村城镇化以小城镇的建设为主，而小城镇数量剧增，盲目扩张，布局分散，规划欠缺科学性。全国各地早在"六五"期间就完成了地区小城镇发展的初步规划，但至今各地的小城镇体系规划还不完备，城镇的建设有一定的随意性，缺乏战略高度和总体考虑。小城镇规划的不科学可能造成土地的浪费，如有的城镇规划放弃旧有基础开辟新镇，造成"圈地热"。小城镇数量多且分布分散，不能有效吸引乡镇企业集中，目前全国乡镇企业80％分布在自然村，在集镇的只有18％左右。

（二）城镇基础设施薄弱，配套功能不全

城镇化是以一定的经济发展基础作为前提的，没有经济支撑的城镇化只能是低水平、低效率的城镇化。由于农村工业的分散，我国农村城镇化发展得不到经济的有力支持，在城镇规划建设时也往往是划地建镇，基础设施薄弱，城镇配套功能不全。农村地区城镇大部分在供水、供电、排污方面起点低，生活垃圾和废水得不到有效处理，城镇发展水平低。城镇基础设施和配套功能的落后已经严重束缚了农村城镇化的进一步发展。只有基础设施建设完善，城镇服务功能提高了才能改善投资环境，招商引资以促进经济的发展，而经济发展了城镇化才有前进的动力。

（三）城镇规模小、效益差

我国的农村城镇化以小城镇建设为重点，小城镇布局分散，而且规模很小。在总体经济水平较高的上海郊区分布有200多个乡镇，平均不到30平方公里就有一个建制镇，而且建制镇平均人口不到3万人。村村如城镇，但是，城镇效益不高，所以也是镇镇如农村。我国农村城镇化兴起的小城镇建设是传统二元经济结构的产物，意在通过小城镇大办乡镇企业，让农民离土不离乡，进厂不进城以顺应工业化和城市化发展的必然需求。但是，小城镇建设的随意性及数量上的盲目扩张性使小城镇规模非常之小。城镇的经济功能在于集中谋求集聚经济效益和规模经济效益从而促进产业经济的发展。世界银行分析指出，小城镇只有人口达到15万人左右才能形成一定的主导产业，才能具备较齐全的基础设施和城镇服务体系，才能吸引人才和投资获取集聚经济效益。我国建制镇的人口规模平均不足1万人，集聚功能难以发挥,也形成不了有竞争力的主导产业和合理的产业结构。据有关部门测算,我国小城镇的工业结构与城市工业结构相似系数高达0.8697,而与农业的相关系数只有0.459,农产品加工工业产值只占乡镇企业总产值的30%左右,这种趋同的城乡工业结构使小城镇工业与城市工业在资源、市场、科技和管理的竞争中处于劣势,与农业较小关联度不利于吸收农村剩余劳动力发展优势产业,所以必然导致小城镇效益低下。

(四)我国农村城镇化与农村工业化脱钩

非农产业的发展带动城镇的发展已是社会经济发展的普遍规律,而我国城市化一直滞后于工业化,农村城镇化落后于农村工业化。因为国民生产总值中全国非农产业产值已经超过80%,而我国70%以上的人口却主要分布在自然村。1997年,农村从事第一产业的人口比例为70.4%,但是,第一产业增加值只占国内生产总值的24.4%。我国农村城镇化的步伐已远远落后于农村工业化,农村城镇化的目标,不仅是转移数亿的农村剩余劳动力,还要优化社会经济发展结构,促进经济的可持续发展。社会经济结构的优化是建立在现代工业充分发展的基础上的,而农村城镇化的发展却难以发挥对工业化产业的集聚功能,农村城镇化与农村工业化脱钩。城市的发展大多起源于平原和沿海沿江地区,我国城市也主要分布于东部地区,东部城市的密集为农村城镇化发展创造了有利条件,长江三角洲地区的小城镇密度是全国平均水平的6倍多,城镇化得益于城市密集区工业的发展,而广大的中西部地区农村城镇化在稀少的城市分布中相对落后,说明了我国农村城镇化缺乏农村工业化的强劲动力。

总之,我国农村城镇化从计划经济向市场经济的体制沿革中缺乏良好的规划,致使城镇布局分散,规模较小,缺乏物资、资金、人才和产业支撑,不能有效地实现生产要素的集聚与优化配置，对区域经济发展的带动与辐射作用不强。

第二节　高速公路对我国农村城镇化的影响作用

农村城镇化与农村工业化在逻辑上是同步推进、相辅相成的，高速公路建设对农村工业化有积极的影响，对农村城镇化也有着极大的促进作用，可以有效改善我国农村城镇化表现出的各种不足。

一　高速公路的发展能促进城镇规划和布局的合理化

城镇规划和布局的合理性是城镇能够在长期中可持续发展的重要前提。我国农村城镇化发展存在规划滞后、布局分散的问题，从而城镇地域、规模偏小，城镇建设没有和交通发展规划紧密联系。城镇建设与规划合理性的前提是与交通发展规划相衔接。高速公路的建设可以使沿线城镇纳入高速公路影响区，获取高速公路的巨大交通运输优势而发展成为高速公路经济带的一部分。高速公路经济带内城镇的发展可以摆脱在规划和建设中不利的因素束缚，依赖优越的交通条件加快发展。所以高速公路的发展可以纠正农村城镇化之初的一些盲目性，而且在高速公路沿线的小城镇利用高速公路的辐射和带动可以发展成为中心城镇，为城镇等级规模的提高以及带动其他城镇的发展奠定基础。高速公路的发展不仅有利于局部农村城镇化中规划和布局的优化，也有利于全国农村城镇化的空间布局优化。我国"五纵七横"的国道主干线横贯东西，连接南北，使我国多数城市与高速公路相通，这对农村城镇化的整体布局有很重要的意义。特大城市周边农村可以依靠高速公路发展卫星城镇，减缓特大城市人口和产业过于

集中的压力并同时提高城镇化水平。东部沿海地区农村城镇化已
经比较普及，培育成了长江三角洲、珠江三角洲、京津塘地区、
辽中南地区等许多城镇密集区，城镇化在这些地区的发展是依靠
早期建设的高速公路发展起来的，如今城镇的发展应该继续依靠
高速公路的优势，以扩散型内涵集约发展为主，通过完善基础设
施加强区域城镇的网络联系，为城镇在空间上的扩张和交融合并
奠定发展基础。中部地区的高速公路建设起步晚但发展速度快，
农村城镇化可以依托高速公路"轴向扩展、点面结合"，也即通
过高速公路连接具有较强辐射能力的中心城市，沿高速公路轴线
优先发展城镇化。西部地区交通基础设施较为落后，在高速公路
连通后中心城市仍有较大发展潜力，所以农村城镇化可以采取
"以点为主，点轴结合"的模式，也即在中心城市发展的同时循
序渐进推行农村城镇化。通过高速公路的连接，中心城市的带动
作用明显加强，农村城镇化可以逐步改善整体空间的布局，向均
衡发展过渡。

二　高速公路发展有利于强化城镇经济发展基础，增强城镇发展动力

高速公路发展有利于强化城镇经济发展基础，增强城镇发展
动力，提高农村城镇化水平。高速公路发展对强化城镇化经济发
展基础的有利条件是高速公路发展可以吸引农村工业向沿线地区
尤其是城镇地区集聚。我国城市化滞后于工业化发展的根本原因
在于工业布局的分散割裂了城市化和工业化的联系。我国 80%
的乡镇企业散布在广大的自然村，这不仅不利于企业自身的发
展，也不利于城镇化和工业化的互动。高速公路的发展有利于农
村工业的集聚，而以乡镇企业为主体的农村工业集聚方向无非是
具有一定发展基础的小城镇或具有资源等优势指向的地区（新城

镇的前身），所以高速公路的发展可以将乡镇企业和小城镇两大
战略有机结合。高速公路拓宽了乡镇企业向高速公路沿线集中的
渠道，集中的乡镇企业可以是新建的企业、已形成的企业、有规
模经济效益和有特殊行业要求的企业，而高速公路所经过的城镇
可以根据需要开辟工业园区，实施优惠的政策引导乡镇企业的集
聚。乡镇企业的集聚以有利的交通或资源条件以及集聚优势获取
集聚经济效益和规模经济效益，效益提高的保障可以使企业进一
步扩张，在有效吸收农村剩余劳动力的同时，也为乡镇建设奠定
经济基础。乡镇企业对农村劳动力的不断吸收，以及高速公路
开通所创造的有利条件使农业结构调整、农业产业化速度加快。
农业的产业化发展需要和地区的农业特殊比较优势相结合，所以
农业产业化使农村工业向一定的特殊产业发展以获取比较优势，
并逐步形成了城镇的某种特色或特殊功能。农业产业化的发展可
以使小城镇发展成为具有一定特色的地区农副产品加工储运中心
和服务中心；农业产业化的龙头企业带动农业整体效益的提高，
成为小城镇发展的经济支柱。小城镇农业工业集聚所致的人口汇
集和经济实力提升也为小城镇第三产业的发展增加了动力。城镇
人口增多为第三产业发展提供了发展空间，社会服务体系随着经
济的发展不断完善，而第三产业的兴旺发达正是城镇产业结构合
理化、高级化，城市经济实力提高的表现，对城镇的进一步发展
起推动作用。高速公路的开通也为小城镇乡镇企业二次创业创造
了机会。乡镇企业一直是推动农村城镇化的重要力量，但自20
世纪90年代中期以来，乡镇企业在经济环境的变化和政策的调
整影响下经济效益下滑，发展趋缓。高速公路为沿线小城镇企业
发展提供了基础设施支撑，高速公路作为城乡商品流通的纽带，
增强了乡镇企业市场导向意识，提供了广阔的市场空间，同时，
高速公路加强了资本、技术、人才向小城镇的聚集，为乡镇企

业的二次创业提供了有利条件。小城镇乡镇企业二次创业的成功为农村剩余劳动力的转移及小城镇自身的发展提供了动力来源。高速公路对农村的城镇化与农村工业化的互动影响如图5—2所示。

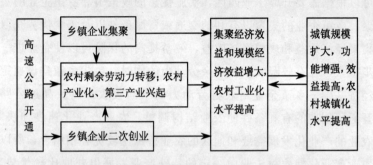

图5—2   高速公路对农村城镇化与工业化的互动影响

三   高速公路发展有助于完善城—镇—乡体系

高速公路发展有助于完善城—镇—乡体系，促进农村外延与内涵城镇化的结合。城—镇—乡体系是以大中城市为中心，以农村为基础，以小城镇为连接纽带的社会结构体系。城—镇—乡体系以各种交通基础设施作为连接渠道，而高速公路的出现无疑会相对缩短地区间的时空距离，增强城—镇—乡体系的整体功能。高速公路连接的城—镇—乡体系通过高速公路加强了人流、物流、信息流的流动，各种社会发展要素的加速流动促进了城、镇、乡共同进步和发展，通过高速公路加强了产业结构、科学技术、所有制和经营方式等方面的联系。生产关系结构相互渗透形成具有一定整体结构和功能的城—镇—乡体系。城—镇—乡体系的发展完善使得三个构成主体之间紧密联系，存在一损俱损、一荣俱荣的制约关系，其终级目标是实现城—镇—乡一体化。美国波士顿—华盛顿高速公路经济带正是以纽约、费城、巴尔的摩和波士顿等城市为核心，通过高速公路的连接，发展了上百个中小城镇，连接农村腹地，在农村城镇化的发展中逐步实现了城—镇—乡体系。高速公路对城、镇、乡的衔接是积极的农村城镇化的表现，能有效推动农村外延与内涵城镇化的发展。长期以来，我国的农村城镇化与大中城市的联系不强，这使得小城镇规模小，辐射和扩散能力弱，效益差，而高速公路连接小城镇和大中城市使得小城镇可以借助大中城市发挥集聚功能，扩大城镇规模，在外延式的发展中提供更多的就业机会，增加农村剩余劳动力的转移，推动国民经济持续增长。小城镇与大城市的连通有助于把小城镇乡镇企业纳入城市大工业发展轨道，实现向现代产业的转型，从而提高增长的质量。经济发展是城镇化的动力，经济的外延式和内涵式的发展也决定了城镇化发展的质量和速度。高速公路城—镇—乡体系的完善有利于区域经济的发展，也对农村外延与内涵城镇化的结合发展有很大的促进作用。

总之，高速公路的发展有力地纠正了以往农村城镇化中规划和布局分散的不合理性，改善了高速公路沿线中小城镇原先的孤立分散布局，更强有力地推动沿线农村经济的发展，使沿线农村城镇化与农村工业化互相促进，步入良性互动发展轨道；还推动了城—镇—乡体系的完善，促进农村城镇化发展水平的提高。

第三节　国内主要高速公路经济带农村城镇化分析

高速公路的发展对农村城镇化有深远影响，农村城镇化是高速公路经济带产生和发展中不可或缺的一部分，国内主要高速公路经济带对农村城镇化的影响主要表现在以下三个方面。

一   高速公路经济带扩大了城镇规模

高速公路经济带各种经济园区的建立以及对乡镇企业的吸引直接扩大了城镇的规模。沪嘉、莘松高速公路地区 1992 年以后先后建立了 9 个市级的工业园和 40 个县级工业园,这些工业园区吸引了上海郊县 60％的骨干企业,70％的投资额过 1000 万元的新企业,20％的外资项目和 50％的外资,园区的发展扩大了高速公路沿线中小城镇的规模。沪嘉高速公路开通前后沿线土地批租价倍增,莘松高速公路通车后松江县在 1992—1994 年 3 年间共批租土地 121 块,面积达 400 万平方米,而越靠近高速公路的乡镇批租的土地越多。以松江县沿莘松高速公路的新桥、茸北、车墩三镇为例,1992 年新桥镇批租土地 3 块,占全县总数的一半,1993 年三镇合计批租土地 14 块,占全县总数的48.3％;1994 年三镇合计批租土地 44 块,占全县总数的51.2％。土地的大量批租一方面吸引了客商建厂办公司,另一方面充实了城镇资金,促进城镇的发展壮大。沈大高速公路在开通后不久,沿线 31 个县(市、区)先后办起了各类经济开发区 85个,占全省总数的一半,吸引了大批乡镇企业的发展。1993 年沈大高速公路沿线产值超过 20 亿元的县(区)为 20 个,而辽宁全省仅 24 个;产值超亿元的乡镇 350 多个,超千万元的村达到1400 多个,占全省 80％以上,农村城镇化得到经济发展的强力支持。

二   高速公路经济带的发展推动城市群和城镇密集区的出现

高速公路的开通增加了城市之间的可通达性,在各个出入口附近地区利用区位优势迅速成长为经济中心,对城市经济活动的重新布置有很大的影响，往往推动高速公路经济带内城镇群的出现。沈大高速公路的建成把以沈阳和大连为中心的城市连成一片，成为辽南城镇密集区。1990年辽宁全省有6个县级市和413个建制镇，而分布在沈大高速公路沿线的分别有2个和173个。1993年全省比1990年新增了8个县级市和113个建制镇，沈大高速公路沿线占了5个和54个，而且城镇的规模不断扩大。沪宁高速公路的通车将长江三角洲的南京、句容、丹阳、镇江、常州、武进、金坛、无锡、锡山、苏州、吴县、昆山、上海13个不同级别的城市连接成群为区域经济发展注入了新活力。沪宁高速公路建成两年后沿线出现了苏州新加坡工业园等10多个高新技术开发区，苏、锡、常地区城镇密度增加，城镇规模扩大。苏州、无锡、常州正向特大城市发展，江阴、常熟、昆山等市在向中等城市发展，松陵、盛泽、洛社、木渎、丁蜀等一批重点城镇也不断扩大规模。杭甬高速公路沿途经过的地区满目是连绵的工厂，萧山、绍兴、上虞、余姚、鄞州等地平均特色支柱产业区块高达3个以上，成为经济增长迅猛的全国百强县（区），城镇化程度非常高。广深高速公路建成一段时间后，两侧除了个别地段以外，几乎分不出城镇和乡村，农村城镇化水平较高，基本实现了城乡一体化。在广深高速公路沿线的东莞市原是以农业占绝对优势的农业县，经过十多年的发展，尤其在广深高速公路开通后乡镇企业发展迅猛，通过农村工业化逐步实现了城乡一体化。1994年东莞市的城镇化水平达到75%，位居全国前列。继广深高速公路之后，珠江三角洲地区逐步完成了高速公路主骨架，高速公路的四通八达构筑了以广深和广珠为发展轴的珠江三角洲市、镇密集区。

随着我国高速公路经济带的不断形成与发展，农村城镇化的热潮也在全国范围内不断掀起。地处西部的山西省依托祁临高速公路等，逐渐发展以太原为中心的城市圈，以及由榆次、平遥、介休、霍州、临汾等串状城镇密集区，2003 年将实现全线贯通的连接山西南北的大运高速公路已经做好特色园区星罗棋布、花园城镇众星捧月的经济带规划，预计每年将有 35 个重点小城镇向大运沿线有序集中，推动山西省农村城镇化的发展。高速公路及其经济带的形成和发展，将推动我国农村城镇化向前发展。

第六章

高速公路对我国农村现代化
的影响研究

第一节 社会主义新农村建设及
我国农村现代化程度

一 社会主义新农村建设的基本内涵

党的十六届五中全会作出了加快社会主义新农村建设的重大决定。建设社会主义新农村是我国现代化进程中的重大历史任务，是统筹城乡发展和以工促农、以城带乡的基本途径，是缩小城乡差距、扩大农村市场需求的根本出路，是解决"三农"问题、全面建设小康社会的重大战略举措。

当前我国全面建设小康社会的重点、难点在农村，农业丰则基础强，农民富则国家盛，农村稳则社会安；没有农村的小康，就没有全社会的小康；没有农业的现代化，就没有国家的现代化。世界上许多国家在工业化有了一定发展基础之后都采取了工业支持农业、城市支持农村的发展战略。目前，我国国民经济的主导产业已由农业转变为非农产业，经济增长的动力主要来自非农产业，根据国际经验，我国现在已经跨入工业反哺农业的新阶段。因此，我国新农村建设重大战略性举措的实施正当其时。要加快社会主义新农村建设，必须落实科学发展观，明确任务、科学规划、分步实施、强力推进，用科学规划引领社会主义新农村建设。

建设社会主义新农村不是一个新概念，20 世纪 50 年代以来曾多次使用过类似提法，但在新的历史背景下，党的十六届五中全会提出的建设社会主义新农村具有更为深远的意义和更加全面的要求。新农村建设是在我国总体上进入以工促农、以城带乡的发展新阶段后面临的崭新课题，是时代发展和构建和谐社会的必然要求。十六届五中全会对新农村建设提出了"生产发展、生活宽裕、乡风文明、村容整洁、管理民主"的 20 字方针，描绘出一幅新农村的美好蓝图。这 20 字方针，既是我国新农村建设长期的奋斗目标，也是新农村建设的必由之路，各个方面相互联系、互为因果，主要包括发展新产业、建设新村镇、构筑新设施、培育新农民、树立新风尚等方面的丰富内涵。发展新产业，就是要打牢物质基础，千方百计增加农民收入，促进农民持续增收，这是全面建设农村小康社会的着力点。建设新村镇，就是要改善农村人居环境，使农村的发展得到合理规划。构筑新设施，就是要改善农村的生产生活基础设施，包括清洁安全饮水、道路交通、电力、信息网络及农业基础设施建设等。培育新农民，就是要加强基础教育和职业培训，推进农村科技推广和医疗卫生体系等，造就"有文化、懂技术、会经营、守法纪、讲文明"的新型农民。树立新风尚，就是要加强和完善农村民主法制建设，创造和谐的发展环境，倡导新风尚。我们必须全面理解和把握社会主义新农村之"新"的内涵，切实做好"新"的文章。

建设社会主义新农村在新的历史发展阶段具有时代性、综合性、联动性、渐进性和动态性等特征，立意十分高远、内容非常丰富，随着时代的发展，还将不断赋予新的内涵和新的内容，但新农村建设的最终目标是要落实在农村现代化的实现上。

二 我国农村现代化的发展现状

农村的现代化程度也是农村社会经济发展进步的程度，我国的农村现代化程度可以从以下农村社会经济发展五个方面进行描述。

（一）关于农村科技进步、乡镇企业发展和农村产业结构

农村科技进步是农业生产现代化的表现。我国农业科技进步贡献率在各个时期的不断提高表明了我国农村农业生产和农业科学技术的发展（见表6—1）。

表6—1　　　　我国农业科技进步贡献率　　　（单位:%）

时　期	农业产值增长率	物质费用增长率	农业劳动力增长率	耕地增长率	科技进步率	科技进步贡献率
"一五"（1953—1957）	5.17	5.75	2.20	1.03	1.03	19.92
"二五"及三年调整（1958—1965）	1.28	2.41	2.00	−0.96	0.21	—
"三五"（1966—1970）	2.62	3.41	3.65	−0.16	0.06	2.29
"四五"（1971—1975）	3.32	4.27	1.29	0.81	0.51	15.36
"五五"（1976—1980）	3.71	4.83	0.76	−0.35	0.99	26.68
"六五"（1981—1985）	7.75	9.04	0.95	−0.50	2.70	34.84
"七五"（1986—1990）	4.75	5.99	1.02	−0.25	1.31	27.66
"八五"（1991—1995）	7.38	9.16	−0.72	−0.17	2.53	34.28
"九五"（1996—2000）	5.31	—	—	—	2.16	40.7

我国农业的科技进步率以及科技进步贡献率呈逐年上升之势，但发展落后于国民经济发展速度，目前农业科技进步贡献率约 42％的水平与发达国家 80％的水平相差甚远。

农村工业化以乡镇企业发展为载体，是农村现代化的原动力和发展基础。我国乡镇企业经营状况良好，但是，发展速度趋缓（见表 6—2 和表 6—3）。

表 6—2   我国乡镇企业发展指标   （单位：亿元,％)

年份	增加值	比上年增长率	工业增加值	比上年增长率	营业收入	比上年增长率	利润	比上年增长率	工资	比上年增长率
1999	24883	12.1	17374	11.9	100932	13.0	5985	17.1	6597	5.5
2000	27156	9.1	18815	8.3	107834	6.8	6481	8.3	7060	7.0
2001	29300	8.0	20200	7.4	116500	8.0	6900	6.5	7600	7.6

表 6—3   我国乡镇企业数量及职工数   （单位：万个，万人，％)

年份	1996	1997	1998	1999	2000	2001
企业数量	2336	2015	2004	2071	2085	2023
增长率	6.09	−13.74	−0.55	3.34	0.67	−2.97
职工人数	13508	13050	12537	12704	12819	12920
增长率	5.02	−3.38	−3.93	1.33	0.91	0.79

我国乡镇企业各发展指标绝对值不断增大，但相对指标有下降趋势，说明乡镇企业发展趋缓，而企业的数量及职工人数自1996 年没有较大的增幅，甚至有所下降，说明乡镇企业已经进入以规模调整为主的发展阶段，吸收农村剩余劳动力的能力较为

有限，影响到农民收入增加以及农村现代化的发展。此外，乡镇企业东强西弱的格局进一步明显，2000 年东部的粤、浙、苏、鲁四省的乡镇企业职工人数和增加值分别占到全国总量的32.23％和37.69％，而西部则分别只有 11.77％和 7.51％，严重影响了农村地区经济和现代化发展的平衡性。

近年来国际经济不景气，国内买方市场趋于稳定，但由于积极财政政策和稳健货币政策的实施，以乡镇企业为主要存在形式的农村非农产业仍有重大发展（见表 6—4）。

表 6—4　　　　　乡镇企业农村非农产业增加值构成　　　　（单位：％）

年份	工业	建筑业	交通运输业	商饮服务业
1997	78.36	8.12	3.73	9.79
1998	71.11	8.15	6.23	14.50
1999	68.86	8.21	6.38	16.55
2000	69.27	7.74	6.10	16.89
2001	67.56	7.90	6.34	18.20

以商饮服务业为主的第三产业得到了充分发展，在非农产业中的比重不断提高，而以增加值计算的农村各产业的比例构成也说明了农村产业结构正处于积极的调整优化中（见表 6—5）。

在第一产业比重下降的同时，农业内部结构也加强了调整。2001 年全国粮食和油料作物种植面积分别减少了 230 万公顷和 70 万公顷，而棉花和蔬菜则分别增加了 76 万公顷和115 万公顷，在品种结构发生调整的同时优质稻、优质小麦和"双低"油菜子的种植面积总计增加了约 500 万公顷，农产品品质也同步提高。2001 年全国肉、禽、蛋、奶依靠科技进步产量和品质有所提高，先进养鱼制度在沿海和内地全面实施。
2001 年全国共有大规模、高度专业化、规范化的农业产业化
经营组织 6 万多个，国家重点龙头企业 150 多家，组织带动农
户 5900 多万户，占全国农户总数的 25％。在农业产业的结构
调整和地区分工中，东部地区积极发展高附加值农业、高科技
农业和外向型农业；中部地区继续发挥粮食优势，发展畜牧业
和食品加工业；西部地区则在退耕还林、还草、还湖中依托资
源优势发展生态农业。农业科技的进步、农村工业化的推进以
及农业经济结构调整刺激了我国农村经济的可持续发展，推动
了我国农村的现代化进程。

表 6—5   农村产业结构   (单位：%)

年份	第一产业	第二产业	第三产业
1997	48.5	44.5	7.0
1998	40.5	47.2	12.3
1999	37.0	49.6	13.4
2000	35.3	50.4	14.3
2001	32.8	51.9	15.3

（二）关于农民收入和生活水平

1997 年以后农民收入增长速度有下降的趋势，但在农产品
价格提高和农村劳动力外出务工经商人数上升的影响下农民收
入增长速度开始回升，2001 年农民人均纯收入 2366.4 元，增
长 5％，扣除物价上涨后为 4.2％。水果、蔬菜、油料等大宗
农产品的商品化率不断提高以及粮食价格回升使得农民纯收入
中现金的比重不断增加，2001 年农民现金纯收入平均为 1748

元，占纯收入人均水平的73.9％，现金纯收入增加额占纯收入增加额的95.6％。在农民的收入来源中，非农产业收入占了主要地位。2001年农民以外出打工为主从非农产业中获得人均收入1066.4元，比上年增加62.2元，对农民收入增长的贡献率为55％。在农作物结构调整和粮食价格回升的影响下，农民从农业中获得的收入也在上升，2001年农民农业人均纯收入为1165.2元，比上年增加40元，对农民收入增加的贡献率为35％。农民在整体收入实现提高的同时，内部收入差距比较大，2000年我国农民人均纯收入的基尼系数为0.3536，大于改革开放之初的水平，说明了农民内部阶层有所分化，现代化程度不均衡。在收入增长的刺激下，农民的生活消费支出也在平稳增长，2001年农民生活消费人均支出1741元，比上年增加71元，增加的收入六成以上用于改善生活的消费支出，现金消费中食品消费、居住消费和交通通信消费的比重有所提高。收入和消费的提高改善了农民的生活质量。2001年，我国农村居民的恩格尔系数为47.8％，继续保持下降的势头，消费结构改变较大，粮食和动物油的消费减少，奶及奶制品、水果及水果制品人均消费分别增加12.7％和11％。耐用消费品中彩色电视机、电冰箱、电话机、移动电话和摩托车的人均拥有量都实现了两位数的大幅增长。农民居住条件中住房面积、卫生设备、取暖设备和清洁能源的使用有明显的增加。农民收入增加和生活水平的提高促进了农村的现代化，但就收入和支出水平而言，和发达国家相距甚远。

（三）关于农村金融和教育

由于我国二元经济结构的稳固存在，农村的金融明显处于金融结构中的从属地位。近年来，我国农村存款占全部存款比重较低，而且呈下降趋势，农村所得的贷款比例也呈下降趋势，而且贷款少于存款，说明我国农村资金属于净流出的状态，农村经济得不到金融的有力支持，得不到城市经济的反哺，其发展对改变二元经济结构不利（见表6—6）。

表6—6　　　　　金融机构中农村存款和贷款年末余额　（单位：亿元,%）

项目		各项存款	城乡储蓄存款	农村储蓄存款	农业存款	各项贷款	农业贷款	乡镇企业贷款
1997年	余额	82390.3	46279.8	9132.3	1533.0	74914.1	3314.6	5033.8
	增长率	20.1	20.4	19.1	12.4	22.5	—	—
1998年	余额	95697.9	53407.8	10441.0	1748.0	86524.1	4444.2	5580.0
	增长率	16.2	15.4	14.3	14.0	15.5	34.0	10.9
1999年	余额	108778.9	59621.8	11217.3	2126.3	93734.3	4792.4	6161.3
	增长率	13.3	11.6	7.4	21.6	8.3	7.8	10.4
2000年	余额	123804.4	64332.4	—	2642.9	99371.1	4889.0	6060.8
	增长率	13.8	7.9	—	24.3	6.0	2.0	−1.7

注：①农业存款是指农村集体经济组织和乡镇企业的存款；②本表口径包括人民银行、政策性银行、国有独资银行、邮政储蓄机构、其他商业银行、信用社、信托投资公司、租赁公司。

随着科技兴农战略的实施和我国教育事业的发展，农村地区的教育有了很大改观，农村居民文化水平有了较大提高（见表6—7和表6—8）。

表 6—7　　　　　**2000 年各级农民成人教育学校基本情况**（单位：所，万人）

项目	学校数	毕业生数	招生数	在校生数	教职工数	专任教师
农民高等学校	3	0.04	0.04	0.08	0.02	0.01
农民中专学校	240	3.97	2.18	7.60	1.16	0.59
农民中学	3921	38.15	44.92	50.73	2.91	1.76
农民技术学校	486281	9047.08	7744.67	6209.59	40.86	19.56
农民初等学校	159913	493.52	443.58	473.46	15.88	4.53
其中：扫盲班	107501	258.04	214.01	252.99	10.87	2.84

表 6—8　　　　　**农村居民家庭劳动力文化状况**　　　　（单位：%）

年份	不识字或少识字	小学文化程度	初中文化程度	高中文化程度	中专文化程度	大专及大专以上文化程度
1985	27.87	37.13	27.69	6.96	0.29	0.06
1990	20.73	38.86	32.84	6.96	0.51	0.10
1995	13.47	36.62	40.10	8.61	0.96	0.24
2000	8.09	32.22	48.07	9.31	1.83	0.48

2000 年我国已经实现普及九年义务教育地区人口覆盖率达到 85% 以上，小学学龄儿童入学率 99.1%，学校危房率下降到 1.1%，基础教育有了重大发展，但全国有成人文盲 8700 万人，其中青壮年文盲 2300 万人，绝大多数分布在农村地区。我国农村金融和教育发展水平较低，严重制约了农村现代化的发展。

（四）关于农村社会保障制度和事业

2001 年我国已有 19151 个乡镇建成了社会保障服务网络。全国农村社会救济事业、社会养老保险制度、农村医疗卫生体系在短时间内取得快速发展，但是社会保障制度还不完善，供需状况严重不平衡。

表 6—9　　2000 年农村贫困人口社会救济的供给与需求

贫困人口生活保障需求状况		贫困人口社会救助状况	
民政农村救济对象（万人）	5029.6	传统救济贫困人口（万人）	1730.1
其中：贫困人口（万人）	4610.8	占救济贫困对象比重（%）	37.5
占救济对象（%）	91.7		
2000 年贫困线（元/人·年）	625	贫困人均补助（元）	84
按 100 元/人济贫共需（亿元）	46.1		

表 6—9 反映的我国农村贫困人口社会救济供需反差比较大，约有 2600 万贫困人口没有得到生活补助，占贫困人口数的一半以上。如果按 100 元/人的水平完全救济贫困人口，则资金缺口为 29.1 亿元，若按平均水平 84 元/人济贫，则资金缺口也高达 22 亿元。

农村老年人口比重为 7.35%。而随着社会人口的老龄化，到 2030 年将超过 15%。目前农村人口参与养老保险的仅为 7.8%，领取养老金的老年人只占总数的 5.5%（见表 6—10）。可见农村社会养老保险制度极不完善。

表 6—10　　**2000 年农村老年人口及不同形式养老状况**（单位：万人，%）

农村老年人口基本情况		农村养老保障状况	
农村 65 岁以上人口数	5938	社区五保老人人数	188.9
占人口比重	7.35	社区福利机构老人人数	41.2
农村孤寡老人人数	287.7	领取养老金人数	97.8
		占老人比重	5.52
		社会养老参保人数	6172

　　表 6—11 的数据说明越是贫困地区残障人口越多，而能享受各种医疗保障的人越少。农村人口中 87.3% 的人在治病时依靠自费治疗，只有 12.7% 的人能得到医疗保障。

表 6—11　　**1998 年我国农村居民医疗保障供给与需求状况**　　（单位：%）

项目	内容	平均值	一类农村	二类农村	三类农村	四类农村
疾病残障状况	残障人口比重	11.0	11.6	9.7	9.8	15.5
	其中：重度残障	30.2	30.4	33.0	30.0	25.8
	慢性病病患病率：					
	按患病人计算	10.4	10.9	9.5	11.4	8.9
	按患病例计算	11.8	12.9	10.6	13.0	10.0
就诊医治状况	两周就诊率	66.8	67.5	67.8	65.4	67.6
	两周自我治疗率	21.4	23.0	20.9	22.2	17.9
	住院率	31.0	34.8	28.9	29.1	34.0

续表

项目	内容	平均值	一类农村	二类农村	三类农村	四类农村
医疗保障制度覆盖率	公费医疗	1.2	1.1	0.8	2.0	0.3
	劳保医疗	0.5	1.4	0.5	0.2	0
	半劳保医疗	0.2	0.6	0.1	0.1	0.1
	医疗保险	1.4	2.4	1.6	1.2	0.1
	统筹医疗	0	0.2	0	0	0
	合作医疗	6.6	22.2	3.6	1.6	1.8
	自费医疗	87.3	71.8	92.5	94.8	81.5
	其他形式	2.8	0.3	0.9	0.2	0.2

（五）关于我国农村现代化程度的差异

我国的东部、中部、西部地区由于历史和地理位置因素而在农村现代化程度上显示出明显的地区差异，地区发展的不平衡是我国的一大国情。

我国的农村经济发展水平呈东部、中部、西部逐步递减的状况，东部地区占有绝对优势，而且每年农村经济增加值比重呈上升势头，意味着地区经济发展水平差距扩大。2000年东部、中部、西部乡镇企业增加值之比为7.19：3.34：1，而2001年我国乡镇企业增加值增长8%，东部、中部、西部分别增长9.5%、6.7%、8%，地区发展水平差异进一步扩大，由此形成东部地区农村工业化、现代化程度较高之势。

由经济结构和发展水平差距引起了东部、中部、西部农村人均纯收入水平的较大差距（见表6—13）。

表6—12　2000年我国东部、中部、西部农村经济结构发展水平差异

地区	农村经济增加值（%）	同比增加百分点（个）	农业增加值（%）	同比增加百分点（个）	非农业增加值（%）	同比增加百分点（个）
东部	56.7	2.2	46.2	2.1	62.4	1.8
中部	31.0	−1.3	34.8	−0.5	29.0	−1.5
西部	12.3	−0.9	19.0	−1.6	8.6	−0.3

表6—13　东部、中部、西部地区农村人均纯收入水平差距

年份	1996	1997	1998	1999	2000	2001
东部（元/人）	2548.9	2746.0	2853.6	2929.3	2993.6	3266.7
中部（元/人）	1763.4	1931.1	1986.1	2002.9	2029.9	2165.5
西部（元/人）	1288.6	1405.1	1474.3	1501.5	1556.5	1662.2
东部比中部高（%）	44.54	42.20	43.68	46.25	47.48	50.87
东部比西部高（%）	97.80	95.43	93.56	95.09	92.30	96.53
中部比西部高（%）	36.85	37.44	34.77	33.39	30.4	30.26

东部、中部、西部地区农村人均纯收入水平差距也没有缩小的趋势，导致人均消费水平存在较大差距。2000年东部、中部、西部农村居民平均生活消费支出分别为2116.1元、1518元、1272元，东部分别高出中部和西部598.1元和843元。经济水平的差距导致了社会发展各方面水平的差距，比如，2000年每百名劳动力中，文盲、半文盲的人数西部地区为15.9人，高出东部地区3倍。

综观我国的农村现代化发展可以发现：当前我国农业科技发

展水平低，农村工业化速度趋缓，农村经济产业结构还存在较大的调整空间，农民收入增长有待提高，农村金融、教育以及社会保障制度急需发展，东部、中部、西部农村经济发展差距惊人。我国的农村现代化总体程度较低、地区发展不平衡。这些都严重影响和制约了我国建设社会主义新农村、实现农村现代化的进程。

第二节 高速公路对农村现代化
发展的影响作用

人类历史上每次交通运输方式的变革都会促进经济的飞跃发展，推动社会文明的进步。高速公路运输被喻为后工业时代的运输方式，在出现不到一百年的时间里已经显示出强大的优势，极大地推动了区域社会经济的发展。高速公路对农村现代化发展的影响主要表现在以下三个方面。

一 高速公路发展为农村现代化提供了原动力

高速公路发展促进了农村工业化的发展，为农村现代化提供了原动力。高速公路的建设连接了不同地域和规模级别的城市，而城市被高速公路线连点成串，在高速公路连接的城市之间是广大的农村地区，所以，从影响的区域面积大小而言，高速公路对农村影响更大。从影响生产力布局的主要因素分析，高速公路作为基础设施有着极强的集聚效应。相对于城市的扩散而言，高速公路沿线的农村地区能大量吸收城市要素的集聚，此外，非城市地区的生产要素也以市场机制积极向高速公路沿线集聚。强烈的集聚是农村工业化大举推进的前提。高速公路沿线农村地区作为高速公路经济带的一个组成区域，其工业化直接表现为乡镇企业的集聚以及各类经济开发区的出现。农村工业的崛起是农村现代化不竭的原动力。从我国农村现代化程度分析，我国的二元经济结构还稳固存在，广大的农村地区基本上还与城市"绝缘"，经济处于封闭半封闭状态，但是高速公路开通能有效改变这种局面。一方面，农村工业很大一部分是城市工业的"转移"，城市工业的机械、动力和技术装备提高了高速公路沿线地区的科技水平和生产力，而且通过转移也加强了向更广阔的农村腹地辐射和扩散的能力；另一方面，农村工业作为三元结构中的一元与城市工业始终存在交流，通过与城市的交换逐步调整发展了与城市互补的产品和产业结构，加强共生联系，通过交换还扩大了商品流通的流量和速度，增强了经济实力，为磨平城乡差距和实现现代化提供了原动力。通过高速公路的连接，农村工业兴起，进一步推动农村地区农业生产的机械化、化肥化、电气化和水利化，提高农业生产力，打破小农经营的落后封闭状态，进而为农业科学化、集约化、市场化和社会化等农业现代化的实现打下基础。从更广泛的领域考虑，高速公路主干道在全国范围内联结成网有利于产业在全国范围内转移和扩散，使全国的产业布局趋于合理，西部、中部农村工业化及现代化加速，缩小与东部发达地区间的差距。

二 高速公路发展推进了农村城镇化进程，为农村现代化提速

高速公路带动了农村城镇化发展，为农村现代化提速。中国社会科学院研究员陆学艺先生将中国农村现代化的四部曲概括为：家庭联产承包制、乡镇企业、小城镇、城乡一体化和区域现代化。家庭联产承包责任制是农村现代化之路的起点，而乡镇企业自始至终为农村现代化提供原动力，以小城镇为主体的农村城镇化更是农村现代化中更重要的一个环节。农村工业的兴起推动了农村的城镇化，农村城镇化的推进使得小城镇成为城乡联合的纽带，构筑了城—镇—乡体系。小城镇集聚了向往有着丰富物质和精神文明的城市生活的农村居民和向往有着生态和谐的田园牧歌式的农村生活的城市居民，这种集聚不是简单的人口集聚，而是城乡价值观念和生活方式融合的体现。城乡价值观念和生活方式的交融发展出经过互相改变、取长补短而成的进步的价值观念和生活方式，甚至可以破坏农村普遍存在的迷信等腐朽没落的东西。城市文明的扩散使农村居民加强了对科学和知识文化的追求，使得农村居民加强知识文化修养，提高文化素质。农村城镇化对城市文明向农村的传播，促进农村居民价值观念和生活方式的改变，带动农村居民思想的现代化有重要作用。此外，农村城镇化对农村工业化的反促进使农村工业化为农村现代化提供更大的经济支持。高速公路对促进农村城镇化的作用是明显的，高速公路能极大地促进农村工业化的发展，农村工业化与农村城镇化是互相促进的，农村工业化强化了城镇化所需的经济基础，而且工业的集聚推动了城镇规模和数量的增加。农村城镇化依据高速公路的线路走向发生一定的调整。原来没有规划和布局好的城镇利用高速公路的运输优势改善了布局区位，城镇在加快发展中以高速公路作为规划的指导。高速公路网的完善使沿线中小城镇不断涌现，而且城镇的规模扩张有工业化的支持，对原来规模小、布局分散、效益差的农村城镇化有很大的改善，进而加快了农村现代化的步伐。此外，高速公路在我国中西部地区的兴起，也可以使这些地区的农村城镇化加快发展，缩小与东部地区的差距。

三 高速公路发展促进了农村社会服务体系的完善

我国正在致力于建设完善的社会主义市场体制,而市场的发达不仅需要一系列完善的社会主义市场经济体制,更需要健全的基础设施作为硬件支持,市场机制是无形的,但是市场是具体的、客观存在的。高速公路的开通促进了城乡空间的一体化,农村的产品和生产要素能以良好的通达性在更大的区域内流通,提高了农村地区的市场参与度,优化了资源配置。高速公路的开通还为农村市场领域的开辟创造了条件,各种类型和规模的集市在高速公路沿线农村地区的兴起繁荣了农村经济。各种非农经济的发展也推动了农村土地的流转,加促了农村经济的市场化进程。高速公路对农村市场体系发展的促进使发达的市场体系成为农村现代化的一个构成要素,同时农村工业和城镇依托市场的完善获得更快的发展,有力带动农村实现现代化。工业的崛起、城镇的发展、市场的完善促进农村其他社会服务项目和设施的完善。首先,以市场为导向的金融机构进驻农村,服务农村经济;其次,经济的发展要求有相应的教育、文化和卫生等事业的配套发展以满足人们的需求;最后,第三产业的全面发展使得地区产业结构水平不断升级,实现农村地区社会和经济的现代化。高速公路连接城乡,相对而言城市有较完善的社会服务体系,而通过高速公路农村地区可以更快地引进城市社会服务体系发展模式,完善自身服务体系建设。农村社会服务体系尤其是社会保障体系的完善不仅对经济发展有极强的促进作用,而且最大限度地缩小"城—镇—乡"体系内部的社会发展差异,加速农村地区现代化的实现。

总之,高速公路建设推动了"工业化—城镇化—现代化"的农村经济发展,有力地促进了沿线农村地区现代化的实现,提高了农村地区现代文明程度。高速公路对我国农村现代化实现的影响机制如图 6—1 所示。

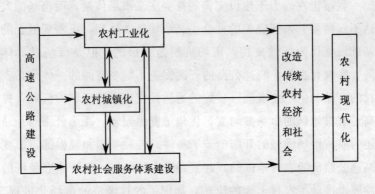

图 6—1   高速公路对我国农村现代化实现的影响机制

第三节   国内主要高速公路经济带
农村现代化分析

国内主要高速公路经济带的农村地区已经实现了相当高的现代化水平，基本实现城乡经济一体化和区域经济的现代化，而高速公路开通后经济带农村地区现代化的进程是明显快于其他地区的。

高速公路的修建吸引了众多高科技企业向沿线集聚，提高了农村地区的科技实力水平。沪嘉高速公路开通后各种高新科技园区在沿线兴起，汇集了地区绝大多数的高科技企业。广深高速公路开通后深圳市 1993 年高新技术产值比 1988 年增加了 10 倍，而 1994 年就比 1993 年增长了 64%。高速公路沿线高新技术产业的发展为高速公路经济带农村现代化的实现注入了科技力量。

　　高速公路经济带能有效带动农村地区经济发展，为农村地区
的现代化提供经济动力。莘松高速公路通车后松江县和高速公路
沿线的经济发展比较如图 6—2 和表 6—14 所示，高速公路沿线
地区经济发展速度较快，农村现代化动力也较大。

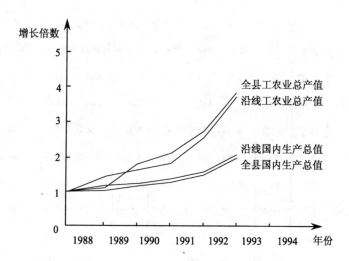

图 6—2　莘松高速公路沿线与松江县经济发展比较

　　高速公路的开通以"高速"改变了人们的时间观和生活方
式，极大地推动了农村现代化的发展。济青高速公路的开通使
整个山东成了"半日生活区"，济南到青岛由过去 8 个小时的
行程缩短到了 3 个小时，高速公路成为沿线农村招商引资的重
大优势。地处济青高速公路沿线的寿光成了"中国蔬菜之乡"。
高速公路开通后寿光农民从两亩地一头牛的小农生产方式转变
为以市场为导向的集约化大生产，聘请生化工程师、农技人员
和农校学生做参谋发展无公害果菜生产和种子培育。寿光市目

表 6—14　　　松江县及高速公路沿线经济指标统计　　（单位：万元）

| 年份 | 区域 | GDP | 其中 | | | 工农业总产值 | 其中 | | 社会商品零售总额 |
			第一产业	第二产业	第三产业		工业	农业	
1988	全县	140962	38547	72318	30097	266836	231539	35297	71754
	沿线	22234	7612	13640	982	55498	45106	10392	7968
1989	全县	142555	37337	75320	29898	300979	264941	36038	76138
	沿线	26944	9078	16458	1408	84933	60565	24368	7015
1990	全县	157322	37591	85782	33949	478689	397642	81047	74335
	沿线	26261	9223	15375	1663	92194	65305	26889	8036
1991	全县	172840	38132	94880	39828	563039	479222	83817	82452
	沿线	29514	9515	17179	2816	99500	71574	27926	9046
1992	全县	203965	40230	115040	48695	721687	622589	99098	96780
	沿线	34645	9248	21901	3496	141960	110316	31644	9269
1993	全县	278296	47819	160377	70100	1013146	917214	95932	140405
	沿线	46148	10874	30719	4555	205476	170809	34667	13414

前已有农贸批发市场 26 处，集贸市场 200 处，成为全国最重要的蔬菜集散中心和信息交流中心，可辐射到全国 200 多个大中城市和 10 多个国家。2002 年寿光蔬菜种植面积达 80 万亩，产量达到 40 亿公斤，以蔬菜加工为主的 44 家农产品加工企业年加工能力达到 80 万吨。寿光在蔬菜种植开发中还开发了臭氧杀虫、工厂化育苗等 400 多项农业新技术，每年引进国外资金、技术和新品种时，也向世界 20 多个国家和地区出口 10 多万吨、上百个

品种农副产品。寿光蔬菜种植还带动了种子、化肥等上游产业和仓储、物流等下游产业的发展。寿光还积极引进各种管理人员、技术人员等专业人才，每年投入教育经费 2 亿元以上，实施高素质创新人才工程，使科技进步对农村经济增长贡献率达到 58.6%。寿光的现代化成为高速公路带动农村现代化的典范。

　　高速公路的开通促进了人们大市场、大流通观念和开拓意识的形成，增强了人们的市场竞争观念，高速公路开通后沿线农村地区都逐步加强了市场化发展。高速公路建设还对沿线农村地区人们的思想认识、价值观念、道德准则以及社会心理和社会事业的发展产生了积极的影响。高速公路的这些影响表现为沿线农村地区市场经济的繁荣发展以及社会环境的不断优化。

第七章

高速公路对我国农村剩余劳动力
转移的影响研究

第一节　农村剩余劳动力转移是
亟待解决的重大难题

一　我国农村剩余劳动力现状

农村剩余劳动力是指超过农村产业需求的那部分劳动力。农村剩余劳动力的转移不仅不会降低现有农村产业产量，还可以提高劳动生产率，增加经济总量。农村剩余劳动力的边际生产力很低，表现为劳动力处于失业或半失业状态，而农村剩余劳动力的转移就是增加就业机会，吸纳农村剩余劳动力。在过去的二十多年里，我国农村剩余劳动力转移取得了巨大的成就，走出一条不同于其他国家的转移道路，形成了农村剩余劳动力向多元城镇建设、要素市场和生态环境建设等领域流动的多元化格局。我国农村劳动力就业已呈多元发展格局，中国农村劳动力资源开发研究会和国家发改委的调查结果显示：2005年乡镇企业就业劳动力（包括亦工亦农的劳动力）占农村劳动力的31.5%，外出就业6个月以上的劳动力占农村劳动力的

12％，留在农村的劳动力占农村劳动力的 56.5％。1999 年我国东部、中部和西部地区农村转移劳动力占农村劳动力比重分别为 34.86％、18.26％和 14.98％，发达地区农村劳动力转移数量较多，而 1999 年转移的劳动力中有 20.93％是跨省转移的，跨省转移中又有 81.5％转移到了东部地区。1999 年在乡镇企业就业半年以上的劳动力占农村转移劳动力的 24.1％，其中在本乡镇内的乡镇企业就业的占全部农村转移劳动力的 17.34％，乡镇企业成为容纳农村转移劳动力的主要渠道。目前我国的农村劳动力状况是：农村人口 8 亿多，劳动力近 5 亿，其中农村劳动力 3.5 亿，全国现有耕地 19.23 亿亩，若按人均耕地 1 公顷的理想规模效益计算则只需要劳动力 1.3 亿，加上林、牧、渔业的劳动力需求量，农业部门的劳动力需求量总共为 1.5 亿，这样，农村剩余劳动力将达到 2 亿人。加入世界贸易组织后，估计有 960 万农业劳动力转移到其他部门，但我国农村剩余劳动力还将持续增长，因为一方面我国的人口基数大，受人口惯性的影响，2002—2005 年我国每年新增劳动力约 1246 万人；另一方面我国耕地中坡度大于 25 度的 0.91 亿亩耕地将逐年退耕还林还草，这将减少吸纳约 600 万农村劳动力。农村剩余劳动力的大量存在已成为制约我国农业以及国民经济可持续发展的"瓶颈"。

我国地理环境地区差异较大，地区经济发展极不平衡，因而在经济较发达地区、次发达地区和不发达地区产生农村剩余劳动力的环境和条件也不相同。（1）经济发达地区主要是东南沿海地区和大中城市的周边地区，这些地区有比较优越的地理环境和区位优势，得益于改革开放较早的政策优惠，加上这些地区具有良好的从事小商品生产和发展市场经济的传统习惯，以及农村居民勤劳勇敢并具有强烈的市场经济意识，这些地区在发展市场经济的过程中总是领先一步。这些地区中非农产业有了相当程度的发展，农业种植业在整个产业体系中占的比重很小，并且商品化率较高，家庭作坊和乡村工业发展很快，在各具特色的龙头企业带动下成为支柱产业。乡村工业的发展增加了地方财政收入，带动服务业和社区产业的建设发展，形成相当数量初具规模的小城镇，一部分农村居民可以在农村工业企业中就业，一部分居民拥有一定的财富，不愿意进厂做工而赋闲在家成为剩余劳动力。（2）经济次发达地区自然条件相对较好，农业种植业比较发达，单位面积产量较高。这些地区种植业产品总量不少，但由于居住人口密度大，人均耕地面积少，所以种植业产品人均占有量不高，农村居民可以解决温饱问题而难以富裕。这些地区一般远离大中城市，种植业以外的农业发展成本较高，没有优势，难以大规模产业化；乡村工业也有一定的发展程度，但缺乏大中城市的带动和辐射，难以成为地区支柱产业；农村居民尤其是年轻人有追求城市生活方式的精神需求，一部分人进城打工，而多数人受离乡成本和风险限制大量滞留在农村沦为剩余劳动力。（3）经济不发达地区自然条件恶劣，土地面积大而可耕种面积小，农作物产量不高使得农村居民艰难地维持生计，生活在贫困状态。这些地区交通条件不便利，生产要素和产品流动受阻，信息传播缓慢，基础教育薄弱，劳动力文化素质偏低，科技水平落后，处在这种相对封闭环境中的农村居民思想观念陈旧，农业中的非种植业及技术含量较高的种植业和非农产业迅速发展不可能成为现实。为了维持基本生活，这些地区相当一部分青壮年外出打工，成为"农民工"输出的主要基地。经济发展水平不同的地区剩余劳动力产生和转移的环境不同，但越是不发达地区，农村剩余劳动力越多，转移压力越大。

二　我国农村剩余劳动力转移的动因、趋势和特点

我国农村剩余劳动力转移的动因是城乡收入差距悬殊的长期存在。我国东、中、西三大地带及其内部经济发展水平差异比较大，城乡二元经济结构根深蒂固。城乡居民收入差距悬殊，这为发达地区和不发达地区、城乡之间的劳动力转移创造了很大的势能。1978 年，我国城镇居民人均纯收入为 343.4 元，农村居民人均纯收入为 133.6 元，两者之比为 2.57∶1；2000 年，我国城镇居民人均纯收入为 6280 元，农村居民人均纯收入为 2253 元，两者之比为 2.78∶1；城乡居民收入差距呈扩大之势，而且农村居民的恩格尔系数比城镇居民高出 10 个百分点。2000 年在经济发达城市打工人员人均年收入 7200 元，而全国打工人员人均年收入 2900 元，农民打工收入人均 240 元，增长 18.2%，远远高于全国农民人均收入增长 2.1% 的水平，地区经济发展及城乡居民收入水平差距促使农村剩余劳动力大量从农村拥入城市，从不发达地区拥向发达地区。

加入世界贸易组织以来，我国的经济结构加快了调整，农村剩余劳动力的转移也呈现出一些明显的趋势和特点。

（一）加入世界贸易组织受到的冲击及城乡收入差距助长"民工潮"

国务院发展研究中心资料显示：加入世界贸易组织后，中国的小规模农户将面临欧美大农场主的竞争，中国农民将被迫让出 300 多亿元的粮食和棉花的国内市场份额。国务院发展研究中心资料还显示：2000 年我国从种植业中得到的纯收入比 1992 年下降了 17%。未来一段时间农民从种植业中获得的收入还将下降，使得农民收入增长缓慢。2000 年农民的工资性报酬已占到纯收入比重的 31.1%，农业部对 320 个县的 320 个

村庄固定观察点的调查也显示：农民外出打工收入占家庭纯收入的比重已从 1990 年的 9％提高到 2000 年的 23.6％。加入世界贸易组织以后农产品市场受到的冲击与进城打工的利益驱动汇合在一起将会助长"民工潮"，使大量农村剩余劳动力拥向非农产业。

（二）农村剩余劳动力转移的时间、区域等特征将发生变化

随着农业生产率的提高以及非农产业的发展，农村剩余劳动力转移将由农闲时节外出向长年外出发展。安徽省外出的劳动力中，长年外出的占 40％以上，夏收夏种、秋收秋种前后外出的劳动力比重下降。由于沿海发达地区的产业扩散以及劳动密集型产业在各地的发展，区域内农村剩余劳动力转移的数量将大幅增加，流向外省或东部沿海地区的劳动力数量增长趋缓。随着我国九年义务教育的全面实施，平均年龄在 22—25 岁之间的农村剩余劳动力文化素质已较以前有了很大提高，更能适应非农产业的要求。

三　我国农村剩余劳动力转移形势严峻

在通常的二元经济结构条件下，按照配第一克拉克定理，第一产业增加值在国内生产总值的比重以及就业人口数快速下降，第二产业的份额和劳动力数量快速上升，第三产业发展成熟时就业人口快速上升，产业结构的演变最终会消除二元经济结构状况。在产业结构与就业结构的演变中各个产业在产值和就业结构间存在一定的偏差。这种偏差在一定的正常范围内被称为正常偏离度（见表 7—1）。

近年来，我国农村第一产业增加值占农村国内生产总值的份额以及农村第一产业的就业人口占农村劳动力人口的比重不断下降，第二产业快速增长，第三产业适度增长，农村增加值与就业

结构的偏差有扩大的趋势（见表7—2）。

表7—1　　　　　人均GDP与产业结构正常偏离度　（单位：美元,%）

人均GDP	60	100	120	130	140	150	160
正常偏离度	32.0	41.2	42.1	42.6	43.1	43.6	44.0

表7—2　　　　　农村增加值与就业结构的偏差　（单位:%）

年份	1999	2000	2001
第一产业	−33.2	−33.1	−33.7
第二产业	33.0	33.1	33.7
第三产业	0.2	0	0

　　第一产业GDP份额较低而劳动力数量较多，发展缓慢，增加值与就业结构偏差很大，农村工业的快速发展与劳动生产率的提高也使得农村第二产业偏差保持较高的水平，农村产业结构偏离度以及非正常偏离度的扩大趋势说明了农村剩余劳动力转移的速度放缓，而且刚性增长的劳动力在扩大农村剩余劳动力规模（见表7—3）。

表7—3　　　　中国农村经济结构非正常偏离变化　（单位:%）

年份	1999	2000	2001
农村人口GDP（美元）	111.29	126.23	143.72
总偏离度	66.4	66.2	67.4
正常偏离度	41.2	42.1	43.1
非正常偏离度	25.2	24.1	24.3

当前我国农村剩余劳动力转移的严峻形势表现在：

第一，农村剩余劳动力素质状况与劳动力转移需求不相适应。改革开放以来，农村文化教育事业有了长足发展，但农村劳动力文化素质状况不容乐观，40％的农村劳动力教育水平在小学或小学以下程度，仅有 5％的农村劳动力受过职业教育和培训。我国农村人力资源虽然丰富，但文化和技能偏低阻碍了农村劳动力转移的数量和层次。我国农村人口多，增长快，劳动力资源的增长超过了社会生产的需求。在落后地区部分农村劳动力思想观念守旧，并没有意识到自己处于"隐性剩余"中，与土地建立了"生死之交"却只停留在"吃饱穿暖"的生活水平上，给农村剩余劳动力转移造成了许多羁绊。

第二，二元结构下的社会保障制度是农村剩余劳动力转移的重大阻碍。目前我国的城镇地区基本上建立起了以社会保险为核心、以最低生活保障制度兜底的社会保障体系，而我国农村只有零碎的社会保障，有些农村地区甚至是一片空白，处于无保障状态。相对完善的城镇社会保障体系与残缺不全的农村社会保障并存是我国社会保障制度存在二元结构的表现。农村剩余劳动力离开了土地就处于无保障的真空状态，这严重束缚了农村剩余劳动力向非农产业的顺利转移。

第三，乡镇企业吸纳农村剩余劳动力的能力在下降。改革开放以来，我国乡镇企业累计吸纳了 1 亿多农村劳动力，年均吸纳近 600 万人，成为农村剩余劳动力转移独特的有效途径。但是进入 20 世纪 90 年代以来，乡镇企业吸纳农村劳动力能力有所下降。1990—1998 年乡镇企业年均吸纳就业 409 万人，仅相当于1980—1988 年平均水平（707 万人）的 57.9％，1997—1998 年连续两年出现−4％——3％的负增长，两年净减少从业人员 971

万人。乡镇企业吸纳农村剩余劳动力能力下降的原因主要有两个方面：（1）乡镇企业是在中国经济的二元结构中产生和发展的，在不断满足农村市场需求而进行的外延式扩张中吸纳了大量的农村剩余劳动力，而近年来中低档产品市场逐渐饱和，外延式扩张在向内涵式发展转变，吸纳劳动力的能力下降。（2）近年来市场竞争加剧，技术水平落后而又无力改造的乡镇企业陷入经营困境，而采用新技术设备参与竞争的乡镇企业资本有机构成不断提高，对劳动力需求降低。

第四，城市人口失业率走高，城市化发展滞后，很难吸收大量的农村剩余劳动力。随着我国经济结构调整，企业改革力度加大，资本和技术提高后对一般性工人排斥，我国城市失业率有所提高。除去大量的隐性失业人口，我国城市目前有失业人口近2000万人。2000年我国的城镇化水平只有36.1%，比相同经济发展水平的国家平均水平低16个百分点，城市化发展滞后无法形成农村剩余劳动力转移的良性循环。我国小城镇规模小而且布局分散，没有形成规模优势，2001年我国农村剩余劳动力转移到建制镇的比例为8.7%，比上年下降了11.3个百分点，转移的速度趋缓。

第五，农村第三产业吸纳农村剩余劳动力的能力有待释放。我国农业产业化的程度较低，农村第三产业发展缓慢，无法消化更多的农村剩余劳动力。美国的农业产业化使农场需要的农业机械、种子、饲料、化肥、农药以及农产品加工储运、农业信贷等全部为社会化服务，导致了农场劳动力向社会支农产业转移。我国农业商品化和社会化程度较低，农村第三产业滞后，很难吸收农村剩余劳动力。我国农村第三产业滞后的原因还在于农村城镇化的落后。乡镇企业80%分布在村落，12%分布在集镇，分散的农村工业分布格局使农村城镇化发展水平低，城镇的集聚能力弱化，人口集聚不到一定的规模，从而限制了第三产业的发展。我国建制镇平均人口不足 5 万人，第三产业发展水平较低，很难大量吸收农村剩余劳动力。

第六，不够规范的政府行为扭曲了市场机制，影响了农村剩余劳动力的转移。尽管城乡二元分割下的一些制度和政策已经有了很大的变化，但是仍然有些制度和政策不利于农村剩余劳动力的转移。以湖南省为例，湖南省人民政府鼓励非公有制经济投资若干政策规定出台以后，湖南省的个体、私营等非公有制经济得到了快速发展，对全省就业增长的贡献率达到 70％以上。城市非技能型劳动力价格较高，管理难度大，所以非公有制企业乐于招聘雇用农民工，从而导致了经济高增长与城镇高失业并存的状况。一些政府部门为了缓解城镇失业压力而采取了歧视性的行政手段，比如，从政策上抬高农民工进城的门槛，提高企业使用农民工的收费标准。这种"反失业"的举措严重扭曲了劳动力市场的自由竞争机制，阻碍了农村剩余劳动力的转移。劳动力市场在制度上存在城乡分割，没有统一的游戏规则，使农村剩余劳动力的转移存在制度性壁垒，主要表现为：城镇劳动力被用人单位吸收招用被称作就业，相应的建立起比较稳定规范的劳动关系，而农村劳动力被用人单位吸收招用却被称为打工，基本上享受不到养老、失业、医疗等社会保险。各级政府部门在统计失业的时候往往只考虑了城镇的范围，将农村地区排除在外。农村劳动力游离于劳动力市场，在体制的边缘和夹缝中求生存、谋职业，难以实现剩余劳动力的大量转移。

本书在我国农村剩余劳动力的规模上作了理想化的大致估计，而我国学术界的专家学者们存在不同看法，也发展了相应的农村剩余劳动力估算方法。于学军等人在《从 21 世纪上半叶我国人口变动趋势看稳定低生育水平的重要性和艰巨性》(《人口研究》2000 年第 2 期）一文中作了关于农村剩余劳动力的预测，详见表7—4。

表 7—4　　　　　2001—2010 年农村剩余劳动力变化　（单位：亿人，%）

年份	全国人口	人口城镇化率	农村人口	农村劳动力人口		预计农村需要劳动力	农村剩余劳动力	
				人数	比重		人数	占劳动力的比重
2001	12.8	36.6	8.12	5.54	68.2	4.63	0.91	16.4
2002	12.9	37.1	8.11	5.59	68.9	4.63	0.96	17.2
2003	12.99	37.6	8.11	5.62	69.3	4.62	1.00	17.8
2004	13.09	38.1	8.10	5.66	69.9	4.62	1.04	18.4
2005	13.19	38.6	8.10	5.69	70.2	4.62	1.07	18.8
2006	13.27	39.1	8.08	5.71	70.7	4.61	1.10	19.3
2007	13.37	39.6	8.08	5.71	70.7	4.60	1.11	19.4
2008	13.46	40.1	8.06	5.72	71.0	4.60	1.12	19.6
2009	13.55	40.6	8.05	5.73	71.2	4.59	1.14	19.9
2010	13.66	41.1	8.05	5.73	71.2	4.59	1.14	19.9

　　在所预测的 10 年中，农村总人口随着城镇化而下降到人口比重的 40% 左右，农村需要的劳动力略有下降，但农村剩余劳动力有上升的势头，由占农村劳动力人口的 16.4% 上升到19.9%，增加人数达 2300 万人。这是剔除了农村劳动力就业增加之后的预测，姑且不论其准确性，但农村剩余劳动力的增加是应该值得关注的。农村剩余劳动力的转移问题是我国社会经济发展中亟待解决的重大问题。

第二节　农村工业化、城镇化、现代化是实现我国农村剩余劳动力转移的有效途径

一　农村剩余劳动力转移模型的启示

发展经济学中关于劳动力转移的讨论比较多,最有影响力的城乡人口流动模型有刘易斯模型、托达罗模型等,这些模型虽然在理论上有些缺陷,但是也对农村剩余劳动力转移问题的解决有所启示。

(一) 刘易斯模型

阿瑟·刘易斯在二元经济结构论中发展了第一个人口流动模型。二元经济结构论认为,发展中国家普遍存在一个以传统生产方式为主的、劳动生产率极低的农业部门和一个以现代生产方式为主的、劳动生产率和工资水平相对较高的工业部门。经济的发展依赖于现代工业部门的扩张,而现代工业部门的扩张又需要传统农业部门提供丰富廉价的劳动力,所以农村劳动力的转移可以概括为:工业部门在生产中获得的利润用于投资而形成资本积累,生产的扩张进一步吸引农村劳动力向城市转移。农村剩余劳动力完全被现代工业部门吸收时则达到了"刘易斯转折点",此时农业生产率已经提高,农业收入水平将不断提高而最终实现现代化,消除二元经济结构。刘易斯模型是完全自由的、无摩擦的剩余劳动力转移模型,农村剩余劳动力的转移条件是城乡收入存在差距,人口可以自由流动,而且工业部门不断扩张,创造出越来越多的就业岗位。刘易斯模型对农村剩余劳动力转移的启示是:加速现代工业部门的发展,创造更多的就业岗位,加速城乡人口流动。

（二）托达罗模型

刘易斯模型的一个重要假定是：城市处于充分就业状态，任何一个迁移到城市的劳动者都可以在现代工业部门找到工作。20 世纪六七十年代，发展中国家农村人口加剧向城市流动，而城市的失业问题也越来越严重。于是托达罗提出了存在城市失业率条件下的农村剩余劳动力转移模型。托达罗认为一个农业劳动者决定他是否入城的原因不仅决定于城乡实际收入差距，还取决于城市的失业状况。托达罗的人口流动模型为：

$$M = f(d) \qquad f' > 0$$

$$d = p \cdot w - r$$

农村人口迁移进城市的数量 M 是城乡预期收入差距 d 的增函数，而城乡预期收入差距等于城市实际工资水平 w 与城市就业概率 p 的乘积减去农村平均实际收入 r。托达罗模型的基本含义是：由工资水平和就业概率决定的预期城乡收入差距影响农村劳动力向城市流动的数量。农村劳动力在城市获得工作机会的概率与城市失业率反向相关。托达罗模型的启示主要有两点：一是资本积聚使劳动生产率提高，减缓劳动力需求的增长，而现代工业部门扩张使城市就业概率增大，引发农村人口大规模向城市流动，无益于解决失业问题。二是消除一切扩大城乡实际收入差距的因素，大力发展农村经济。

刘易斯模型和托达罗模型虽然存在片面性和脱离实际等理论缺陷，但也包含有积极因素。前者主张加速工业扩张吸纳农村剩余劳动力，后者要求大力发展农村经济，以寻求农村劳动力转移的有效途径。两者综合则符合了本研究提出的工业化—城镇化—现代化的农村经济发展链理论以及"二元—三元——元"的农村经济发展模式。发展农村工业，推动农村城镇化，最终实现农村的现代化，在循环往复的链状发展中实现农村剩余劳动力的转移。

二 农村工业化、城镇化、现代化是实现我国农村剩余劳动力有效转移的战略选择

刘易斯的二元经济理论在相当长的一段时期里曾经是发展中国家就业吸收和农村劳动力转移的主导理论，然而，正如前文所述，该理论将农业和农村视作被动发展的对象，缺乏总体性，严重偏离广大发展中国家的实际国情。所以其理论缺陷较为明显，适用性低。自20世纪80年代以来，在城乡经济社会体制依然分割的情况下，我国农村工业部门迅速崛起，成为现代工业部门和传统农村部门之外的独立的一元，促进城乡二元经济结构发生了历史性变革，基于此，本书提出了"二元—三元——元"的农村经济发展模式，并在符合国情的"三元"过渡框架下进行农村剩余劳动力转移的研究。

农村工业是实现我国农村剩余劳动力转移的主要途径。发达工业国家工业化过程一般有序地包括发展轻工业、基础工业、重工业等阶段，而我国由于特殊的历史环境和体制背景，在新中国成立初期选择了一条超常规的工业化发展道路，即优先发展重工业的工业化道路。资本密集的重工业排斥劳动力，不利于吸纳农村劳动力和缓解城乡分割的状况。与此同时，税收及价格"剪刀差"又将农业剩余转变为工业发展积累，农业得不到反哺而逐渐落后，限制了工业的扩张，二元经济结构发展效率低。改革开放以来，城市的工业结构有了很大调整，但许多城市的重工业仍占工业及整个经济结构很大比重，而事实上若重新按典型道路发展已缺乏现实意义。重工业已经以较好的发展基础慢慢缩小与发达工业化国家的差距，拥有一定的市场竞争力，成为现代工业部门的重要组成部分，而且现代工业部门的高度发展有益于提高我国

的综合国力。城市现代工业部门的发展对技术和资本密集的需求胜过对劳动力的需求，这不利于农村剩余劳动力的转移。另一方面，中国城市仍有许多低效率的国有企业，失业问题严重，在这种条件下农村剩余劳动力的转移不可能有刘易斯设定的自由、无摩擦的理想效果。农村剩余劳动力的转移只能主要面向城市工业之外的农村工业。本书农村工业的广义定义为农村非农产业部门。农村工业是工业化与农业发展的耦合与协调，它的发展已不只是一种消除农村经济落后发展的行之有效的战略选择。农村工业化使企业在农村区域产生、发展，打破了城乡二元分割的封闭状态，并在不同于城市工业所处的环境中寻求发展，避免了城市工业发展所遇到的空间约束和环保压力等问题。农村工业与农业的产业联系使两者可以获得协同发展，农村工业可以从农业中获取原材料，从农村获取廉价的劳动力和资金支持，为农村提供商品，扩大市场；农业向农村工业提供农产品和劳动力，增加了收入，提高了转移劳动力的素质，共同促进农业自身的发展，在互相促进的发展中农村工业源源不断地吸收农村剩余劳动力，逐渐成为吸纳农村剩余劳动力的主体。农村工业在发展壮大中增强了三元经济格局的同时，与农业形成了不同于城市和农村的有效的二元结构，其表现是农业拥有生产效率极低的农村剩余劳动力，农村工业具有勃勃生机并不断扩大。在这种有效的二元经济结构中，农业将资金、原料、粮食等农业剩余转向农村工业，农村工业的发展反哺农业，加大农业投入，加强农业的持续发展使之更好地输出剩余劳动力，进一步促进农村工业的发展。改革开放以来，我国流向农村工业的农业剩余以及用于支持农村和农业的乡镇企业利润呈逐年上升的势头，1992年两者分别为452.51亿元和340亿元，说明了农村工业与农业有效二元结构的客观存在。同时，农村工业对农村剩余劳动力的吸收情况良好，1978—1997

年乡镇企业职工人数从 2826 万多人增加到 1.3 亿多人，乡镇企业就业人数占农村劳动力的比重也由 1978 年的 9.94％提高到 1997 年的 40.24％，1993 年以后乡镇企业职工人数超过了国有企业职工人数，以乡镇企业为主的农村工业已经成为吸纳农村剩余劳动力的主要力量。

农村城镇化是有效转移农村剩余劳动力的根本途径。当前，对农村剩余劳动力转移模式的讨论主要集中于发展大中城市和小城镇何者最优的问题。优先发展大中城市转移农村剩余劳动力模式的理由主要有：第一，大中城市劳动生产率高，而小城镇难以发挥集聚效应；第二，农村剩余劳动力的转移可以促进大中城市经济（尤其是第三产业）的发展；第三，避免建设新城市造成土地浪费，且国家易于调控促进工业布局使之合理化；第四，改革开放以及发达国家的经验表明大中城市有发展的空间。

尽管如此，发展大中城市的模式并不完全符合当前实际需要，不可能很有效地转移农村剩余劳动力：第一，城市就业压力大，排斥农村剩余劳动力转移。我国目前城镇登记农业人口和登记失业率已经达到很高的水平，自 1993 年以来城镇下岗职工人数平均增长率高达 40％以上，严峻的就业环境阻碍农村剩余劳动力的转移。第二，城市容量的有限性制约农村剩余劳动力的转移。大多数大中城市公共事业与基础设施建设并未将农村剩余劳动力转移后的情况考虑在内，城市空间易于饱和，容易造成住房紧张、交通阻塞、环境质量下降、社会治安不佳等"城市病"，这客观上限制了农村剩余劳动力向现有大中城市的大规模转移。第三，增加大中城市数量受到现有生产力水平的制约。让 2 亿农村剩余劳动力完全转入大中城市，则需增加 100 万人口的城市 200 个或 50 万人口的城市 400 个，需占地 6 亿亩，投资 1.2 万亿元，这在当前我国经济发展水平下是不大切合实际的，大中城市不可能很有效转移大量的农村剩余劳动力，而小城镇则具有根本解决农村过剩劳动力的巨大潜力，其原因主要有：其一，小城镇以特殊的地理位置充当农村剩余劳动力的"蓄水池"和"节流闸"。小城镇介于城乡之间，具有城市的特点，又与农村密切联系，其产业多为劳动密集型产业，农村剩余劳动力进入小城镇的门槛和风险相对较低，适应性强。1985—1994年间我国小城镇吸纳了1亿多的农村剩余劳动力，减少农村劳动力盲目向城市流动，起到了"蓄水池"和"节流闸"的作用。其二，农村剩余劳动力向小城镇转移成本较小，小城镇距农村较近，消费水平低，减少了农村剩余劳动力转移进入的基本消费和培训等支出，进而降低农村剩余劳动力转移的流动成本和心理成本。小城镇技术含量和资本有机构成远远不及大中城市，其吸纳劳动力所需的费用支出较低。据调查，小城镇提供一个就业单位需要生产性和商业投资5000元，而大城市则需1万元以上。其三，发展小城镇有利于促进农村经济发展，转移农村剩余劳动力。小城镇在促进乡镇企业集中以发挥集聚效应方面的作用是不言而喻的。小城镇经济承启城市和农村，其经济结构既有城市性质的工业和第三产业，也有相当比重的农业，小城镇经济在消化吸收城市的技术、产业转移中，结合农村剩余劳动力的实际情况，发展与城市经济构成互补的经济，例如农村产业化中的农产品加工、储运等。在小城镇经济发展过程中，剩余劳动力压力变成发展动力，被征用了土地的劳动力转向第二、三产业进一步促进小城镇发展。总之，发展小城镇即推行农村城镇化有利于从根本上解决减小我国庞大的农村剩余劳动力规模的问题，是实现我国农村剩余劳动力转移的一种战略选择。

农村现代化是农村剩余劳动力转移的终结目标和实现途径。我国全面的现代化既包括城市的现代化，也包括农村的现代化，农村现代化必须经过工业化、农村城镇化和城市一体化等发展阶段，所以当前一切农村经济发展举措，包括农村剩余劳动力的转移，无不是为实现农村现代化的终极目标服务的。农村现代化既有在面上的普及，也有在程度上加强的过程。因而农村现代化的进程也包含农村剩余劳动力的转移过程，并且农村现代化的推进有利于农村剩余劳动力的转移。农村现代化对农村剩余劳动力有效转移的促进作用主要表现在以下几个方面：

第一，农村现代化的重要内容之一是农业的现代化，农村现代化极大地促进农村剩余劳动力的转移。农业的现代化过程主要是增加农业投入，提高农业的机械化、水利化、化肥化等以实现规模经营、提高农业生产率的过程。机械化和规模经营解放了农村劳动力，使剩余的劳动力转向非农业，从非农业中获取收益反哺农业，使农业现代化推动剩余劳动力转移。

第二，农村现代化也包括农村工业的现代化，农村工业的现代化不是简单"村村点火，处处冒烟"式的铺摊子，更讲求农村工业结构的合理优化以及规模效益提高和市场外向化。农村工业的强劲发展为农村现代化提供经济支持，也巩固其吸收农村剩余劳动力的主体地位。

第三，农村现代化还意味着高水平的农村城镇化，农村城镇被认为是有效转移农村剩余劳动力的根本途径。农村城镇水平的提高意味着小城镇摆脱规模小、无产业功能、效益差等问题的困扰，可以源源不断地吸收农村剩余劳动力。

第四，农村现代化是农村经济社会制度安排的合理化，破除城乡隔绝的制度障碍，改革不利于农村劳动力转移的制度，降低农村剩余劳动力流动的制度成本。

第五，农村现代化是农村科技教育水平不断提高的过程。在对农村二元经济结构的研究过程中，舒尔茨强调了农村人力资源的开发。农村科技教育水平提高不仅可以将科技成果应用于社会生产，还可以提高农村劳动力的基本素质和工作技能，传播有利于农村劳动力转移的先进观念，满足农村剩余劳动力转移的前提条件。农村现代化过程中的农业现代化、农村工业现代化及农村城镇化水平的提高，其主要作用在于发展农村剩余劳动力转移载体，增强其吸纳能力，而农村经济社会制度安排的合理化和农村科技教育水平的提高则可改善农村剩余劳动力转移的条件，促进剩余劳动力的大量转移。农村现代化可被视为一种多方面因素作用的加强农村剩余劳动力转移的机制，农村的现代化与农村剩余劳动力的转移互相促进，不可分割。

农村工业化、城镇化、现代化是一条连续的农村经济发展链，但三者并非具有明显界线的发展阶段，三个过程交叉重叠，互相促进，共同有力地促进农村剩余劳动力的有效转移，这是中国的三元经济结构背景下的一种战略选择。

第三节　高速公路与我国农村剩余劳动力的转移

高速公路的发展加速农村工业化、城镇化、现代化进程，可以促进我国农村剩余劳动力的大规模有效转移。

当前，我国的农村工业失去了原有的制度变革推动力而发展缓慢，其分散的布局不仅导致生态环境污染和外部不经济等隐患的出现，也使农村工业效益难以提高，而且结构上的不尽合理制约农村工业的持续健康发展。高速公路的出现使得农村工业发展面临的困境有效缓解，主要体现在：第一，高速公路以强大的经济区位优势促使原有和新生的农村工业经济单位向高速公路沿线地区集中，改善因布局分散而导致集聚效益丧失等问题。高速公路的发展是解决农村工业布局分散顽症的有效途径。第二，高速公路的发展打破了农村工业原先封闭的状态，使农村工业不再狭隘地拘束在本地市场中生存，而向外开拓更广的市场空间，参与更深远、猛烈的市场竞争，赋予农村工业更新的发展动力和更高的发展战略。第三，高速公路的发展使城乡更紧密地相连，农村工业可以着力进行结构调整，改变与城市工业结构同构复制的状态，农业产业化及一定特色产业的发展使农村工业与城市工业在结构上形成互补，避免与城市工业同构而不利于自身发展。由此，高速公路的发展对农村工业化有巨大的促进作用，而农村工业化进程的加快也是有效的农业和农村工业二元结构形成的表现，符合托达罗模型和刘易斯模型发展农村工业吸收农村剩余劳动力的要义。

我国的小城镇数量在改革开放后不断增加，但小城镇的建设盲目性大，布局分散且规划也不尽科学，小城镇建设与农业工业化脱钩，没有产业功能，最终导致了小城镇规模偏小、基础设施薄弱、配套功能不全、效益低下等问题。高速公路的发展对农村城镇化有积极的影响。首先，高速公路的建设能促进城镇规划和布局的合理化。如前所述，高速公路穿越的小城镇因为便利的交通条件而弥补和增强其交通基础设施功能。高速公路沿线经济带兴起的新小城镇直接受益于高速公路，并因地制宜科学规划。其次，高速公路促进了农村工业化的发展，主要是吸收农村工业集聚，而农村工业集聚的方向是高速公路沿线区域的小城镇。农村城镇化与农村工业化因此可以实现同步推进，相辅相成。小城镇得到农村工业的产业支持后才具有发展活力。最后，高速公路可完善城—镇—乡的结构体系，使小城镇保持与农村紧密联系的同时，加强与城市的交流，城乡各种经济要素的交流可加促农村城镇化建设，提高农村城镇化质量，加快城乡一体化。高速公路发展对农村城镇化的推进不仅体现在对现有小城镇发展的促进，更能催生一批高质量的新城镇，大批小城镇的健康发展使小城镇更好发挥农村剩余劳动力的"蓄水池"和"节流闸"作用，使小城镇发展模式从根本上解决农村剩余劳动力的大规模有效转移问题。

我国尚未全面进入小康社会，农村的现代化程度依然较低，主要体现在农村科技进步贡献率与发达国家存在巨大差距、农村经济发展水平低、农民收入增长缓慢、农村科技教育水平低、社会保障制度残缺等。高速公路的发展可以加快沿线农业的科学化、集约化和市场化，加促农业现代化。高速公路的投资兴建对地区经济有直接的推动作用，而且对农村工业的大力促进使农村经济加快发展，为农村现代化提供原动力。高速公路对农村经济的促进以及对城镇布局和规划的积极影响带动农村城镇化的发展，城—镇—乡体系的完善及城乡一体化，农村现代化提速，这其中还包括城市文明的传播及农村落后观念和生活方式不断向科学化演变。在高速公路的开通带动农村各种经济成分的发展中，第三产业的发展以及社会服务体系的完善使农村现代化程度不断提高。高速公路发展对农村现代化各方面的促进是明显的，农村现代化程度的提高使农村剩余劳动力的大规模有效转移机制的功能不断扩大，促进农村剩余劳动力的大规模有效转移。

高速公路的建设使沿线地区成为工业发展的理想区域。以往沿海地区工业起步时发展的"三来一补"劳动密集型产业不断向内地扩散转移，高速公路沿线地区交通便利，可直接从农村吸收大量简单劳动力，因而具备吸收产业转移扩散的能力。高速公路沿线地区工业的集聚加快了城镇化的发展，餐饮、娱乐、旅游第三产业有了发展潜力，可以大量吸收农村剩余劳动力。此外，城镇的发展、建设与管理中的脏、苦、累等工种几乎全由农村劳动力承担，可以吸纳一定的农村剩余劳动力。高速公路的不断发展促使沿线地区工业化、城镇化逐步加快，非农产业及城镇对农村剩余劳动力产生了强大拉力，促进农村剩余劳动力的大规模有效转移。高速公路的发展使广大农村地区封闭的状态迅速瓦解，大量的农村剩余劳动力外出务工，形成农村剩余劳动力转移的推动力，对农业、农村和农民产生深远的影响。首先，大量农村剩余劳动力通过高速公路发展外出劳务进一步增加农民收入，这是剩余劳动力转移的最大推力。其次，大量农村剩余劳动力外出就业的收入转移到农村，增强农村居民的支付能力，活跃农村市场，增加农村居民的教育培训支出，增加农业投入，推动农村社会经济的发展，形成农村剩余劳动力转移的良性循环。最后，大量农村剩余劳动力外出就业过程中经受城镇现代生活方式、生产方式的熏陶，增长见识和技能，更新观念和思想行为方式，满足他们精神方面的需求，而这种精神上的收获对推动农村现代化、农村剩余劳动力的转移具有重要意义。高速公路的发展既增强了工业化、城镇化等农村剩余劳动力大规模转移的拉力，也加强了农业、农村内部对农村剩余劳动力大规模转移的推力，两种力量的结合促进农村剩余劳动力的大规模有效转移。

高速公路的发展，农村剩余劳动力的大规模有效转移推动社会经济结构和就业结构的调整优化，更加强了东部地区与中部、西部的联系。中部、西部的农村剩余劳动力进一步向东部转移，而东部的资金、技术等生产要素向西部扩散后又与当地农村剩余劳动力结合，促进全国范围内农村工业化、城镇化、现代化水平的提高和经济的均衡发展。

一　高速公路发展过程中农村剩余劳动力转移的方式

农村剩余劳动力的大规模有效转移是农村工业化、城镇化和现代化的迫切需要，而高速公路的发展也对农村工业化、城镇化和现代化有巨大的推动作用。高速公路发展过程中农村剩余劳动力的转移方式主要有以下四种。

（一）整体转移

整体转移是指由于高速公路的修建，沿线的农村社区因为强大的交通区位优势而成为区域经济发展中心，直接转变为城镇社区，社区的劳动力大部分转向非农产业，原先农村剩余劳动力随农村社区的消亡而失去原有意义。整体转移的类型可以是城郊农村因高速公路连通而被纳入城镇发展规划，进而土地被大量征用，农业劳动力逐渐转移的郊区农村城镇化，也可以是村庄和集镇在高速公路开通后第二、三产业迅速发展，基础设施显著改善，城镇人口规模达到一定水平的整体城镇化，还可以是高速公路出入口等重要地理位置上的移民建镇。新的城镇出现使某些农村社区的剩余劳动力得到整体转移。农村剩余劳动力的这种转移较全面、彻底，但区位条件制约性也较强，高速公路的修建使这种转移成为可能。

（二）就地转移

就地转移是指农村剩余劳动力在本地的农村非农产业谋业，即离土不离乡的就业行业转移。高速公路连接的广大地区不可能完全实现农村剩余劳动力的整体转移，但是区位条件的改善使得农村非农产业加快发展，部分农村剩余劳动力可就地转移。这种离土不背乡的剩余劳动力转移成本较低，直接的交通、饮食等费用较少。此外，可转移的剩余劳动力老少皆宜，多半是农忙时从事农业或从事非农业工作时兼营农副业。这种转移方式体现了我国农业的自给自足特征。但随着高速公路开通时间的推移，农村工业化尤其是农业产业化的发展会逐步使这些地区的农村剩余劳动力彻底向非农业转移。

（三）就近转移

就近转移是指由于高速公路开通，附近地区的农村剩余劳动力向边际收入较高的沿线区域转移。这种转移的地域范围通常局限于本县或地区内，离土不背乡。农村剩余劳动力的这种转移一般针对高速公路吸引域的边缘地区而言，主要流向收入较高的农村工业集聚点（高速公路沿线）。这种离土不背乡的转移成本较高，但适应性强，以专业式转移为主且分散、不稳定，是市场机制配置劳动力资源的必然结果。高速公路的发展为农村剩余劳动力的就近转移创造了有利条件。

（四）异地转移

异地转移指高速公路的开通促使部分农村剩余劳动力向本县或本地区以外的城镇转移，一般为较远的发达地区或大型建设项目所在地。农村剩余劳动力的异地转移即离土又背乡，转移成本较高且风险大，但对农村劳动力的影响较大，部分成为城乡"边缘人"，常住城市，而另一部分则如候鸟般往返流动。高速公路的开通促进了中部、西部地区农村剩余劳动力向发达地区转移。

高速公路开通后农村剩余劳动力的转移以就地转移和就近转移为主，整体转移方式限制性较强而不可能长期成为主流方式，高速公路沿线农村工业化、城镇化、现代化的浪潮也使得剩余劳动力异地转移不可能主导剩余劳动力的流动。就近转移和就地转移及整体转移共同促进高速公路经济带的形成和发展。

二　国内主要高速公路经济带对农村剩余劳动力转移的影响

沪嘉高速公路、莘松高速公路建成通车后农村工业化、城镇化步伐加快，沿线城镇企业数量和规模发展迅速及效益增长较快。嘉定区和区内高速公路沿线在沪嘉高速公路通车三年间工业利润年增加分别为 26.6％和 29.9％，而莘松高速公路经过的松江县与高速公路沿线乡镇企业数量及职工规模比较如表 7—5 所示。

表7—5　　　松江县与莘松高速公路沿线乡镇企业简况

年份	区域	乡镇企业个数（个）	企业人数（人）
1988	全县/沿线	1146/322	130241/33359
1989	全县/沿线	1217/458	134087/37457
1990	全县/沿线	2278/685	154385/38574
前三年平均增长（％）	全县/沿线	41/45	8.8/7.5
1991	全县/沿线	2332/716	158620/39793
1992	全县/沿线	2322/638	156392/38414
1993	全县/沿线	2390/810	153137/43452
后三年平均增长（％）	全县/沿线	1.2/6.3	−1.7/4.5

通过表 7—5 中数据可看出高速公路沿线的乡镇企业数量和职工人数在通车前后三年中均以高于全县总体的速度在增长，有效地吸收了农村剩余劳动力。

沈大高速公路开通后，沿线的沈阳、辽宁、鞍山、营口、大连五市与全省乡镇企业的发展情况如表 7—6 所示。

表 7—6　　沈大高速公路沿线五市及全省乡镇企业发展情况

指标	1990 年	1993 年	平均增长
全省			
乡镇企业个数（万个）	54.3	78.3	12.9
乡镇企业职工数（万人）	305.1	434.0	12.5
乡镇企业产值（亿元）	457.0	1643.2	53.2
沿线五市			
乡镇企业个数（万个）	15.3	37.2	34.5
乡镇企业职工数（万人）	157.7	206.9	31.2
乡镇企业产值（亿元）	291.1	1166.3	58.8
五市占全省百分比			
乡镇企业个数（％）	28.2	47.5	—
乡镇企业职工数（％）	51.7	47.7	—
乡镇企业产值（％）	63.7	71.0	—

　　沈大高速公路开通三年间沿线县乡经济迅速崛起，高速公路经济带的乡镇企业构成全省乡镇企业主体，乡镇企业个数、职工数及产值均明显高于全省同类指标，说明了高速公路对农村工业化的强力带动并促进农村剩余劳动力的有效转移。1993 年沈大高速公路沿线五市人口为 1832 万人，人口密度为 523.5 人/平方公里，五市人口占全省 46％，五市人口密度比全省高出将近一

倍,较高速公路开通前的 474.7 人/平方公里有很大提高,人口的密集说明农村剩余劳动力就地、就近转移外,还发生了异地转移,转移的数量较大。1993 年辽宁全省城镇人口比重为 82%,而沈大高速公路沿线为 93.1%,比高速公路开通之前的 1989 年高出近 9 个百分点,农村人口大量向城镇转移,而且沿线非农业人口比重高达 50%,城镇化加强又促进了农村剩余劳动力的转移。沈大高速公路沿线第三产业发展迅速,以集贸市场的发展较显著,数十个农业集贸市场将各种商品往全国各地批发,农村剩余劳动力得到了充分转移。一位老农在采访中谈道:"以前我们面朝黄土背朝天,现在到村办企业按时上下班……这是托了沈大高速公路的福啊!"

京津塘高速公路经济带北京段十八里店等 5 个乡在高速公路开通后企业发展迅速,1993 年 5 个乡的三资企业数量分别为 35 个,而高速公路开通前的 1990 年为 5 个,产值环比增长 113.8%,其他工业企业和乡镇企业效益良好,产值环比增长也近 50%,对农村剩余劳动力有强大吸引力。京津塘高速公路天津段沿线乡镇企业数量增加很快,1993 年沿线武清县乡镇企业个数为 4331 个,而 1988 年该县乡镇企业个数仅为 2533 个,北辰、塘沽乡镇企业产值也出现了数倍的增长。京津塘高速公路天津段经济带的就业规模预计到 2010 年达到 15 万—20 万人,比 1995 年的 1.5 万人提高 10 倍以上。

广深高速公路的开通使珠江三角洲地区加强了对农村剩余劳动力的吸引。广深高速公路是穗港运输通道的重要组成部分,其开通使"三资"、"三来一补"企业如雨后春笋般出现,造就了世界"制造业中心"的美誉,也吸引了大量来自全国各地的农村剩余劳动力。广州市 1986 年"三资"企业仅 109 家,到 1994 年增加到 2907 家,增长近 30 倍,利用外资增加 40 倍。东莞市 1994

年"三资"企业数量达到 4608 家，来料加工合同数 22923 家，而 1986 年"三资"企业仅 559 家。速度之快，令人咋舌。此外，广深高速公路沿线农业产业化及乡镇企业的发展在前文已有详细介绍，高速公路经济带企业发展之快不仅使珠江三角洲吸收了本地农村剩余劳动力，还大量消化来自全国各地的农村剩余劳动力。

贵黄高速公路 1986 年开始动工修建，给沿线的金关村带来了良好的发展机遇，金关村企业数量自 1986—1993 年间以 157.3% 的速度递增，全村 1000 多个劳动力从事第一产业不到 20%，有效转移了农村剩余劳动力。

江苏省高速公路建设带动建筑、制造等相关产业的发展，"九五"期间高速公路建设直接创造了 10.5 万个就业机会，高速公路建成后还将安置近千名收费管护人员，这极大地促进了农村剩余劳动力的转移。湖南省委政研室曾对在建的衡（阳）枣（木铺）高速公路分析认为，投资于衡枣高速公路的每亿元可创造 2000 个就业岗位或 45 万个工作日，高速公路的修建可消化一定数量的农村剩余劳动力。

我国正面临农村剩余劳动力大规模转移的压力和挑战，而前述分析表明农村工业化是实现农村剩余劳动力转移的主要途径，农村城镇化是实现农村剩余劳动力转移的根本模式，农村现代化是多方面促进农村剩余劳动力转移的有效机制，高速公路的发展有助于推动"三化"进程，进而可以解决我国农村剩余劳动力的大规模有效转移问题。

第八章

高速公路对我国农村工业化、城镇化、现代化影响的实证研究

本书对高速公路提出了基于时间和运费的高速公路经济带空间界定模型，并在高速公路对农村工业化、城镇化、现代化的影响方面展开了一般性研究。高速公路经济带空间界定模型的科学性较之前的模型有所提高，而其实用性和可操作性有待于实践实证的支持。高速公路对我国农村工业化、城镇化、现代化影响的一般性研究中论述了国内主要高速公路的一般影响，但是，缺乏对受高速公路影响而发展的单个典型农村地区的分析。为了完善研究的结构和丰富研究的内容，本章拟通过调研资料测算出京珠高速公路长沙至湘潭段洞井镇出入口的影响半径，并详细阐述高速公路对该出入口所属洞井镇的农村社会经济的促进效果。

第一节 京珠高速公路长潭段洞井镇出入口影响半径测算

京珠高速公路长潭段连接长沙、株洲、湘潭三市，北起长沙市牛角冲，沿线经 9 个乡镇，南接京珠高速湘耒段，其中长

沙牛角冲至马家河段全长 44.75 公里,双向四车道,设计时速100—120 公里,全线实施全封闭,全部控制出入口,全立交。洞井镇地处长沙的南大门,是长沙、株洲、湘潭三市融成一体化的前沿阵地,其高速公路出入口的作用异常重要,因每日交通流量超万辆,出入口的影响范围可波及洞井镇以北的长沙市雨花区及其他地区。我们所研究的高速公路出入口是京珠高速公路长潭段洞井镇内的出入口,以李洞路和 107 国道为支线,以作为洞井镇以南第一个出入口的湘潭市易家湾出入口为参照,测算洞井镇出入口相对于易家湾出入口的影响半径,其中107 国道是高速公路开通前的交通主干道,也是高速公路开通后的最重要支线,而李洞路则是连接高速公路和 107 国道的支线。

根据基于时间和运费的高速公路影响半径决定模型:

$$\text{opt. } R_A = \max \ (R_C R_t)$$

$$\text{st.} \begin{cases} C_{CA} \cdot R_C + C_{AB} \cdot l_{AB} \leqslant C_{CB} \cdot l_{CB} & (1) \\[2mm] \dfrac{R_t}{V_{CA}} + \dfrac{l_{AB}}{V_{AB}} \leqslant \dfrac{l_{CB}}{V_{CB}} & (2) \end{cases}$$

经过调研得到洞井镇至易家湾段的长潭高速公路部分和李洞路与 107 国道(支线)的相关运费、速度和里程数据有:高速公路的平均货物运输成本为 0.271 元/吨·公里,支线平均货物运输成本为 0.325 元/吨·公里;高速公路的平均行驶速度为 90 公里/小时,支线的平均行驶速度为 60 公里/小时;高速公路路段的里程为 19.93 公里,支线的里程为 29.57 公里。基于支线的非直线性以及调研数据的实际,先假设影响半径和支线的长度之和为李洞路和 107 国道支线的总长,代入模型测算后再对影响半径进行修正,所以将数据代入模型后有:

$$\text{opt. } R_A = \max \ (R_C R_t)$$

$$\begin{cases} R_C \leqslant [0.325 \times (29.57 - R_C) - 0.271 \times 19.93] \div 0.325 \\ R_t \leqslant (29.57 - R_t) \times 60 \div 60 - 19.93 \times 60 \div 90 \end{cases}$$

经过计算得到：$R_C = 6.48$ 公里，$R_t = 8.14$ 公里，所以 $R_A =$ 8.14 公里，在地图上大概是在新路村的位置，但是以实际距离修正的直线半径 R_A^* 约为 7.2 公里，因为李洞路与 107 国道支线都是弯曲的。考虑到高速公路的影响区域不是规则的，不能以一定半径形成的圆形来说明，所以新路村以南的 107 国道附近区域都属于高速公路影响区域，这符合洞井镇以距高速公路出入口以东 6 公里作为小城镇建设规划的客观实际，也说明洞井镇包含在我们所计算出的高速公路影响区域内。至此，我们已经得到了长潭高速公路洞井镇出入口相对于易家湾出入口和 107 国道支线的影响半径，较好地验证了基于时间和运费的高速公路影响半径模型的可操作性，也为下一步探讨高速公路对洞井镇的农村工业化、农村城镇化和农村现代化影响奠定了科学基础。长潭高速公路及洞井镇出入口的影响半径如图 8—1 所示。

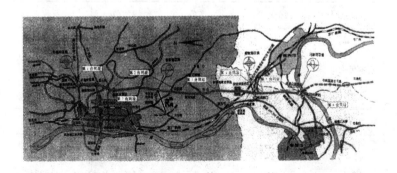

图例：长潭高速公路 ▓▓▓▓　拟建高速公路 ▓▓▓▓　已建成公路 ━━━　铁 路 ▰▰▰　河 流 ▓▓　桥 梁 ～～

图 8—1　长潭高速公路及洞井镇出入口的影响半径

第二节 长潭高速公路沿线洞井镇农村工业化、
城镇化和现代化发展

洞井镇隶属于长沙市雨花区,总面积 45 平方公里,位于长沙市的南大门,其发展受长沙、株洲、湘潭三市辐射。1996 年年底,长潭高速公路的开通为洞井镇的发展增添了不可多得的机遇,加速了它的发展速度。1997 年洞井镇撤乡建镇,2000 年即成为全国小城镇建设试点镇,现在已发展成为年 GDP 近 5 亿元的现代化小城镇。

一 长潭高速公路开通后洞井镇工业化的发展

长潭高速公路开通几年间,洞井镇的乡镇企业经济取得了重大发展,1996 年和 2002 年的乡镇企业经济指标比较如表 8—1 所示。

表 8—1 1996 年与 2002 年洞井镇乡镇企业经济发展状况 (单位:个,万元)

项目	企业数	产值	增加值	营业收入
1996 年	710	76975	14965	14785
2002 年	1209	86440	29200	72856
增长（%）	70.28	12.3	95.12	392.77
项目	利润总额	利税总额	固定资产原值	固定资产净值
1996 年	1280	1726	3590	2725
2002 年	1840	2672	27358	19324
增长（%）	43.75	54.09	662.06	609.14

　　从表8—1中可看出，洞井镇在高速公路开通7年后乡镇企业有了较大的发展，企业发展的各项指标增长较快，企业的数量增加了70.28％，净增499个；而代表企业规模的固定资产原值和固定资产净值则增加6倍多，说明乡镇企业规模扩张速度快，不断做大做强从而带动了收入、产值、利润和利税等产出指标的增长。镇内的庐山实业、麦香实业、银海药业等一批工业企业已经获得长足发展，洞井建筑股份有限公司也已发展为拥有资产总值1.2亿元、职工2826人的国家一级建安施工企业。

　　历经几年的发展后，高速公路横贯南北的湖南环保科技产业园已经成为洞井镇实施工业化的主战场和重要支柱。湖南环保科技产业园作为湖南省的重点建设项目，规划总面积15.2平方公里，规划总投资120亿元，以环保产业为主体，以高新技术产业为龙头，分为环保产业村、环保园中园、世纪环保中心、长株潭物流中心、旅游休闲开发区和职业技术学院六大项目进行招商开发，目前已经吸引广东美的等十几家企业和20亿资金入园投资。产业园区的发展使得企业在空间上向高速公路出入口集聚，获取了集聚效益，而以各类环保和高新技术为主的项目的开发将有利于工业产业结构的升级和优化，带动工业化的全面实施和快速发展。洞井镇高新技术产业的发展迅猛，高新技术产品2001年和2002年的发展对比见表8—2。

表8—2　　2001年和2002年洞井镇高新技术产品发展状况 （单位：千元）

项目	总产值	出口	利润	R&D投入
2001年	104909	10500	840	639
2002年	135857	12800	2751	685
增长（%）	29.5	21.9	227.5	7.2

受高速公路开通的影响，洞井镇第三产业的发展也在加速。位于湖南省环保科技产业园内的世纪环保中心、长株潭物流中心、旅游休闲开发区等项目正蓬勃发展，其中世纪环保中心拟建成集环保及高新技术研发、咨询、展示和交易为一体的综合性开发区；位于京珠高速与绕城公路互通处的长株潭物流中心将建成为具备仓储、配送功能并延展物流报关及多式联运功能于一体的现代物流平台；旅游休闲开发区则利用千年古寺清泉寺和周边1000余亩自然山水植被建成以宗教活动、休闲观光和生态旅游为主的开发区。受高速公路开通影响，以红星大市场、洞井商贸城为龙头的商贸区愈加繁华，火星路宾馆服务业和雨花五金机电市场正在崛起；以省森林植物园一带地貌植被为依托的旅游区又增加了以原林科院林场为主的科技公园和以牛头村南侧山体为主的艺术公园。

高速公路开通后，洞井镇的农业结构不断调整，产业化经营成效明显，表8—3反映了该镇1996年和2002年的农业生产状况。耕地面积因工业化和城镇化减少了将近一半，然而农业产值却增长了一倍多；粮食总产呈数倍下降，然而人民小康生活水平所需的鲜奶和鱼增长了一倍多，适应市场需求的蔬菜上市量增长了九倍多；这些主要指标值的变化说明了洞井镇农业结构调整的力度和成效，这也正是农产品商品化和农业产业化经营推进的成果。依托红星大市场，鄱阳村已建成了有一定规模的无公害蔬菜基地。

长沙花卉大世界的出现使洞井镇农业产业化向前迈了一大步，它距高速公路1.5公里（3分钟车程），是湖南省及中南地区花木市场中交通最便捷、规模最大的专业市场，也是湖南浏阳河百里花木走廊和长沙市雨花区花卉苗木产业带的重点龙头企业。长沙花卉大世界规划为五大园区：生态休闲度假区（1800

亩)，花卉苗木种植基地区（2600 亩），精品花卉交易区（400
亩），鸟、虫、鱼、根雕、石头城（20 亩）和生活管理服务区
（26 亩），预计投资 1.2 亿元，实用面积达 5000 亩。原来种植水
稻的耕地中已有 90％改种花卉苗木，有双面红木、樟树、杜英、
银杏等近百个品种约 6390 亩花木的花卉苗木基地，邀请园林专
家、种植大户、村委干部等人员组织成立了花卉协会，有效地团
结花农，促使花卉产业向"公司＋农户"的营销模式转变。

表 8—3　　　　　　　1996 年和 2002 年洞井镇农业生产状况

项目 年份	农业产值 （万元）	耕地面积 （公顷）	蔬菜上市量 （吨）	粮食总产 （吨）	鲜奶、鱼 （吨）
1996	3104	1503	2950	9450	249
2002	6644	811	30409	1466	568

二　长潭高速公路开通后洞井镇城镇化的发展

1997 年，洞井镇在长潭高速公路开通一年后撤乡建镇，原
来的 18 个村调整为 15 个村和 2 个社区居委会。2000 年，洞井
镇被批为全国小城镇建设试点镇，城镇化步伐进一步加快。

1996 年和 2002 年，洞井乡（镇）在人口上的变化如表 8—4
所示。从两年的数据对比看，总户数、总人口和从业人员数的大
量增加说明了人口向小城镇集中，而且以非农人口比例衡量的城
市化率从 0 变成了 42.38％，城镇化发展较快。

洞井小城镇建设拟从长潭高速公路东起长达 6 公里，规划面
积 18 平方公里。小城镇建设定位为发挥旅游、历史民族文化、
绿色产业和交通的资源优势，建成具备教育、旅游、高质量生态
居住、绿色产业和商贸集散特色的城镇，远期规划人口为 15 万

人。洞井镇按照城市功能区划分为镇中心、商贸、住宅、旅游和
工业五个区，镇中心区集行政、商贸、金融、文化、娱乐为一
体；商贸区将总投资 17 亿元，规划于东距长潭高速公路 4 公里
处建成长株潭城市群的中央商务区，成为长株潭三市一体化的前
沿；住宅区除安置现有村民外，同时进行商品房开发，首期已有
1300 多户得到安置；工业区主要分布于湖南环保科技产业园，
建成花园式无污染工厂群，重点开发农产品加工、食品、医药和
建筑业。2002 年洞井镇的镇区占地面积已经达到 300 公顷，而
且处于快速扩张状态，农村地域不断转变成城镇地域。2003 年
小城镇建设中已累计实施拆迁项目 26 个，拆迁面积 5742 亩，拆
迁房屋 996 栋，拆迁农户 922 户 3749 人，一批物流中心、商贸
市场和农民生活安置区拔地而起。

表 8—4   1996 年和 2002 年洞井乡（镇）人口概况   （单位：户，人）

年份 \ 项目	总户数	非农业户数	总人口	非农业人口	从业人员数
1996	5716	0	24529	0	9646
2002	7464	2364	32678	13894	14744

连接南长沙与长潭高速公路的李洞路，车流量已经增加到每
天上万辆，其扩建正在火热进行，以消除制约社会经济发展的交
通"瓶颈"。火星大道等其他道路的新（扩）建投资额超过 10 亿
元，将建成洞井镇城市的主干道网络，更有利于小城镇的建设。
除了路网建设，城市发展所必需的水电工程等基础设施不断优化
和完备，目前镇区的自来水、电、燃气、电话、有线电视的普及
率达到了 100%。

由于有良好的发展前景，洞井镇 2003 年吸引投资资金 5.2

亿元，其中内资 3.8 亿元，为小城镇建设争取到充足的资金。工业园和商贸区的繁荣发展又进一步强化了小城镇发展的经济基础，将为其建设注入源源不断的新鲜血液。

在工业化和城镇化的不断发展中，洞井镇的农业劳动力实现了大规模有效地向非农产业转移。1996 年洞井镇还是一个以农业为主的乡，没有城镇人口，而今农业户籍的人口降到了 58% 左右，大部分已经实现了非农化。据调查，目前农业户籍人口中在第一产业就业的人口比率实际只有 20% 左右，而且全镇外来人口超过 1 万人，隐性的城镇人口较多，实际城镇化水平远远高于 42.3%。随着小城镇的建设扩张，仅 2002 年和 2003 年洞井镇的无地农民就增加了 7000 多人，这些人口实际上已经向非农产业就业。比如，洞井村的耕地已经被征收，农民基本处于无地状态，而通过生产和生活安置后该村每户的商业门面资产价值均达 100 万元左右，全部转向第二、第三产业就业。在小城镇的建设中，政府积极组织了再就业培训班，引导和促进了农业劳动力向非农产业有效转移。

三　长潭高速公路开通后洞井镇现代化的发展

高速公路开通以来，洞井镇农业产业化不断发展，农业生产科技水平不断提高。2002 年农业生产投入电量 770 万千瓦时，地膜 18 万平方米，化肥 1845 吨，农业机械动力 25728 千瓦，全镇有 3 个农业科技与服务单位和一支中高级农业技术人员队伍，农业科技含量远高于 1996 年。农村工业的崛起不仅使全镇社会科技水平不断提高，也为农村现代化提供了原动力，促进了农村产业结构的调整与升级，1996 年农村工业在总收入中的比重为 33.3%，而 2002 年这项比例达到 59.85%，农业的比重大幅下降。

　　1996 年洞井乡农民年人均纯收入只有 1966 元，而 2002 年农民年人均纯收入达到 3150 元，增长了 60.22%。2001 年 3 月，洞井镇高升村原有的村民宅基地全部被征收作为农博中心、变电站等重点工程用地，高升村 254 户人被迁进安置区。安置区内建有喷泉、步行商业街、绿化广场等设施，住房里装有宽带网和煤气管道。此外，高升村还利用整村开发留出来的安置地大力发展村级企业和第三产业，已成功引进长沙饮食集团等多家知名企业。这些项目建设启动后，村民每人每年能从集体得到收益 3000 余元，人均纯收入可达 7000 元。从 2003 年起，村里每人每年的教育附加费全部由村里承担，并免收 20 千瓦时的电费；遇村民去世，每人补助火化费 1000 元。2002 年洞井镇农村住户的生活消费达到 460936 千元，非生活商品支出 152268 千元（33.3%），其中文化方面支出 57527 千元，农民生活水平大幅提高。

　　洞井镇有 1 所中学，5 所小学，10 所幼儿园，教育投入连年提高，年均超过 300 万元，其中新世纪实验学校是省内第一所现代技术教育学校，设有阶梯形多媒体演播厅、电脑教室、塑胶跑道等现代化设施。洞井镇 5 所农村小学已全部实现了班班配电脑。洞井镇天华寄宿制学校由该镇天华村村民拿出 70 亩地，并投资近 4000 万元建成学校 4 万余平方米主体工程，学校现代信息教育设施达到国际标准。洞井镇还设有设施完备的文化站、医院和敬老院。2003 年洞井镇劳动和社会保障站及低保服务中心发放了低保资金 26.3 万元解决了 623 人的生活困难，供养了 43 位五保人员，全镇发放了临时救济金 3 万余元，为慈善事业捐款 5.8 万元，社会福利事业有力地支持了社会经济现代化的稳步发展。

　　随着全镇社会经济的发展，2003 年洞井镇积极引入国际

SYB（Start Your Business）创业培训，对年龄从 21—54 岁的 35 名洞井镇无地农民加强自主创业教育，为农村劳动力向城市劳动力转移中的人力资本培养做了有益尝试。2003 年，洞井镇开展普法教育 141 场次，举办社区教育学习班 30 场次，宣传《公民道德建设实施纲要》，提高了居民的民主法制和道德素质，有效维护了社会稳定。2003 年全镇有 3 个村和两个社区居委会及一所学校通过了区级文明单位验收，并在广泛开展的学习型单位和"十星级文明户"评选活动中加强了文明创建工作。群众的文化生活已较为丰富，共有 11 个村成立了腰鼓队。白田村成功地举办了文明创建演示会大型文艺活动，这是该村近 30 年来最大型的演出，表现了农民文艺表演艺术的高水平、高素质。自白田村文明创建活动以后，村民已经不再像从前一样整天沉湎于打牌赌博，而是自行组织了腰鼓队、舞龙队、戏曲表演队等，展现出了优秀的思想素质和精神风貌。

第九章

相关政策建议

第一节　坚持以科学的发展观指导高速
公路建设和农村经济发展

科学的发展观即坚持以人为本和经济社会全面协调可持续的发展观，是党的十六届三中全会提出的一项重大战略决策。科学的发展观以协调发展为基本原则，以统筹兼顾为总体要求，以以人为本为核心内容，以全面发展为主要目标，以可持续发展为重要体现。交通部提出了加快建设覆盖 10 亿以上人口及 85％以上地区的国家高速公路网的目标，也指出了以统筹区域交通发展和解决农村公路通达畅通为重点的交通全面、协调和可持续发展的要求。在高速公路与农村经济的互动发展中，应该积极发挥科学发展观的指导作用。

一　充分开发高速公路沿线资源，促进农村经济发展

按照科学发展观的要求，高速公路开通后不仅要促进局部地区经济发展，而且要使沿线广大农村地区得到全面协调的发展，因而要统筹兼顾，充分开发沿线地区资源。

（一）根据资源分布特点因地制宜地发展特色支柱产业

我国地域辽阔，而长期以来交通发展一直未能满足国民经济

发展需要，许多资源如旅游资源、矿产资源和鲜活农产品资源等，因为缺乏良好的交通条件而未能得到应有的开发，随着高速公路的开通，这些资源作为区域经济发展的潜力应该得到充分发掘。依靠便利的交通条件，高速公路沿线地区资源必将在政府推动和市场引导下得到充分开发，并逐步形成地区支柱产业。我国农业资源分布不均衡，农业生产自然条件千差万别，农作物多样化的特点较为突出，高速公路开通后更为原本封闭的农村地域提供优越的经济发展条件，特色农业也将成为地区经济发展的强大动力，因而高速公路出入口尤其适宜建立工业区、产品生产加工基地、货物集散和商品批发配送基地、旅游休闲服务区、特色农业基地等。高速公路沿线地区资源的充分开发和特色支柱产业的形成将有利于地区经济的全面而内涵式、高质量地协调发展，这也是贯彻科学发展观的重要体现。

（二）加大科技投入和使用力度，实现沿线地区农业可持续发展

高速公路的开通为农业的现代化提供了有利条件。加大农业科研投入，并加强农村科技推广力度，增强农业科技的创新能力和科技水平，使农业生产从粗放的低效率经营向高效率的集约化经营转变，从利用资源向节约和保护资源转变，加强实现农业发展的可持续性。生物工程等先进技术和最新科研成果的投入不仅使农业从单一的小而全的经营向专业化生产和规模化经营转变，加强农产品的精加工和深加工而提高农业生产力水平，还有利于生态农业的发展，使农业生产和环境保护相得益彰，增强农业发展的可持续性。

（三）提高农民素质，加强农业生产的人力资源开发

第五次人口普查结果显示，绝大多数省份文盲率在 5％以上，农民素质低下已经成为制约农村经济发展的"瓶颈"。农村

当前科教意识落后，农民缺乏与农业产业化、现代化相适应的文化素质，因而导致市场意识和科技投入的滞后。因此，应该以科技兴农为指导方针，运用多种方式加强科技下乡的力度，使广大农民以科技和先进的思想意识武装头脑，以较高的人力资源素质发展农业生产，加快农业的集约化、内涵式、高效益、可持续发展。

二　人性化的设计和运营高速公路

高速公路的建设和运营讲求社会效益和经济效益的最大化，而二者又具有高度统一的一面，即高速公路的开通为沿线地区社会经济的发展提供了优越的条件，其自身的经营正是从为国民经济发展服务中获取经济效益。发展服务，造福百姓，首先，要从高速公路的人性化设计开始。高速公路的经营效益和高速公路的设计紧密相关，且不论高速公路建设成本对后续经营的影响，高速公路的路线规划如果能充分考虑区域资源的分布因素而合理设计，尤其是高速公路的出入口设计能与区域经济发展的规划紧密融合，则开通后其经营可与区域资源的开发实现双赢互动。而且，高速公路的运输线路骨干功能的发挥受到区域路网发达程度的影响，在交通较为便利的地方设置出入口则有利于提高高速公路的可达性。其次，在高速公路服务区的建设上也要融入一些人性化的理念。高速公路的服务区应设置在没有曲线段和陡坡的地方，这样有利于交通流的组织和加宽车道段的设置。在服务区的选址上，还应充分考虑自然环境、人文景观等因素，这样更有利于营造优美的环境，体现以人为本的理念。在服务区的设置间距上，不仅要参考交通流的大小，更要从缓解驾驶员的疲劳角度出发，合理设置服务区之间的间隔。再次，高速公路服务区市场化运作中要体现出服务的人性化。服务区主要为过往人员提供服务，所以服务区应该实行充分的市场化，不断提高服务人员的服务技能、文明礼仪和规范用语的使用等，通过服务质量的提高，高速公路的整体服务能力和质量成为高速公路可持续发展的重要支撑。最后，高速公路运营中服务区应不断加强和其他产业的关联，通过扩展服务的项目和完善服务内容并不断推出高质量的服务板块做大做强服务业，使之成为高速公路经济带的产业集群之一。

三　加强高速公路沿线环境保护

高速公路的建设运营应该与社会和环境等大系统保持动态协调发展，符合社会可持续发展需要。2003 年京珠国道主干线湖南省湘潭至耒阳高速公路工程、广西宾阳（王灵）至南宁（三岸）高速公路工程等高速公路建设项目荣获全国环境保护百佳工程，这是环保的可持续发展理念在高速公路建设中的体现和成果。

高速公路对生态环境的影响主要体现在两个方面：一是施工过程中对自然环境的破坏，即大量的土石方工程破坏原有的自然结构，进而影响生物的生存环境；二是高速公路的运营使大量的废气、噪声产生，影响空气、水和土壤等生态条件，进而对生物的种群结构产生影响。高速公路最终会对沿线的生态景观产生影响。

高速公路建设和运营在环境保护方面应该采取的措施有五个方面。一是在路线规划与选线时充分重视生态环境保护，从拟订的可选方案中选用对环境影响较小的路线方案，并且在项目规划中充分考虑生态环境的保护，如设计在水土易流失的地方多砌挡土墙，多绿化，少取土等。二是施工中由挖方、填方产生的裸露坡面应该用工程防护、结构防护以及综合防护措施控制水土流失，并在边坡上进行绿化，坡顶设置排水沟等。三是施工中的文明生产，包括运输少扬尘，严格防治噪声振动等措施，最大限度地减少施工期间的环境污染。四是运营后在环保敏感点建立隔音墙或加强绿化，改善能源质量（如无铅汽油等）、社会车辆结构和行驶状态等。五是借鉴先进的自然风貌保护方法，如破坏了山坡坡面后可以利用废渣重新修建山坡以恢复自然风貌，设计动物通道以保护野生动物栖息环境等。

此外，针对当前高速公路建设中因牵涉各方利益造成环境保护政策执行及矛盾协调难等问题，应该学习法国经验，加强法律指导作用。法国有专门的环境保护立法，在进行高速公路等大项目建设时必须在自然物理方面进行水质、土质、噪声、大气污染等项的详尽调查研究，在人类社会和经济环境方面调查研究道路的修建对附近居民生活和农业生产的影响，在自然景观和文化遗产方面调查研究工程对动植物界、生态系统、文化遗产及景观的影响等。

第二节　加快我国特别是中西部地区 高速公路的发展

高速公路以占总公路网较小的比重发挥巨大运输能力，在交通运输中的地位和作用日益受到社会各界的关注，其显著的社会经济效益消除了"是否需要修建高速公路"等疑虑和争论，推动着交通运输及社会经济现代化的进程。近二十年来，我国高速公路从无到有，高速公路里程迅速攀升至世界前列，而就庞大的人口规模和辽阔的国土面积而言，高速公路发展仍是滞后的。

一　高速公路对社会经济促进的潜力没有得到发挥的原因

当前，我国许多地区交通拥挤现象严重，汽车行驶速度低，交通事故频繁发生，高速公路对社会经济促进的潜力没有得到有效的发挥，其原因主要有：

（一）长期以来对公路基础设施建设重视不足，公路通行能力提高不快

新中国成立以后的四十年间，我国尚无建成高速公路，公路里程平均每年递增仅 6.7％，而随着经济的发展，汽车保有量的平均增长速度比公路里程的平均增长速度快了将近一倍。1988 年高速公路开始出现于我国，与此同时，公路基础设施建设步伐加快，然而，在其后的十年间汽车保有量的平均增长速度更比公路里程的平均增长速度高出将近五倍，公路运输通行能力的增加越来越不能满足公路运输要求。只有大力发展高速公路建设才可以加快解决交通运输能力不足的矛盾。

（二）我国公路运输载体落后制约了公路交通运输发展

我国是一个人口大国，交通需求较大，绝大多数道口为平交式，这导致了公路上汽车行驶的横向干扰较大，限制了车速及通行能力的提高。另外，我国绝大多数公路上汽车与慢速车混合行驶，慢速车交通量约占混合交通量的 40％，这导致了公路上汽车行驶纵向干扰较大，相当程度上降低了汽车行驶速度。公路运输载体的落后主要表现在慢速车比例过高，而汽车行驶的高等级公路或专用公路过少，全立交、全封闭、容量高达 7 万—8 万车次、能有效排除横纵向干扰的高速公路的发展便成为改善我国运输载体的有效途径。

（三）中西部地区与东部地区的经济联系及全国范围内的经济发展需要有高速公路的强大推动

高速公路对经济发展影响的机制和作用在本书中已有详尽的分析和阐述，对高速公路的发展及高速公路经济带的形成有益于我国广大农村地区的工业化、城镇化和现代化的推进，有

益于农村剩余劳动力的转移。发达国家在经济发展中高速公路
作出了巨大贡献，并且在全国范围内建起了发达的高速公路
网，而我国高速公路发展虽然较快，但全国的公路主干网还未
建成，谈不上拥有发达的交通网体系。我国的中西部地区近来
得益于西部大开发的良好政策支持，公路建设不断迈向新台
阶，然而，由于地理环境差，经济基础薄弱等原因，中西部地
区的高速公路较少，无法与东部发达地区保持紧密的交通和经
济联系以吸收东部地区的产业转型和技术扩散，从而加快经济
发展。此外，中西部地区公路运输网络的相对不发达也使高速
公路对沿线区域的辐射和带动作用有所减弱，制约了高速公路
经济带的发展。在建的"五纵七横"国道主干网中连接东部地
区的有二连浩特—河口、重庆—湛江、衡阳—昆明、上海—瑞
丽、上海—成都、连云港—霍尔果斯、青岛—银川7条，全长
1.26万公里，以高速公路为主，其建成将有利于加强全国东、
中、西的联系，而为了更好地发挥高速公路的作用，中西部地区
的高速公路网的建设是必要的。

二　加速发展中西部地区高速公路措施

为适应国民经济的发展，满足日益增长的交通运输需要，应
加快我国特别是中西部地区的高速公路发展步伐，加快我国尤其
是中西部地区的高速公路建设，可采取以下政策措施。

（一）做好前期的规划和设计工作

高速公路建设项目是投资大、回收期长的项目，并能对地区
生产力布局、经济发展产生深远影响，因而高速公路的建设前期
必须根据本地区的长远发展规划和各种运输方式的协调布局制定
高速公路建设规划。高速公路的建设是满足长期交通运输需要
的，具有超前性，如果没有合理的规划，则可能会在建成后频频

进行扩建。这将导致公路建设成本提高。高速公路建设项目是高资金、技术密集的项目，规划设计不好则容易留下工程隐患，降低工程技术质量，不能高效满足交通运输需求。

（二）多方筹集高速公路建设资金并加以合理使用，提高投资效益

高速公路投资大，而且回收期长，一般的民间资金难以介入，所以能否筹集到高速公路建设资金是决定高速公路能否快速发展的关键。以往高速公路建设的资金来源主要有：地方养路费投资、交通部车购费补助、地方财政拨款、金融机构贷款、企事业单位集资、发行建设债券等。来自政府的建设资金较为有限，而且难以分配均衡，地区的经济发展不均衡也使高速公路的建设资金筹集难易程度不同，要加快高速公路的发展，必须多方筹集高速公路建设资金。政府在稳定和扩大高速公路建设资金来源上可通过制定科学、完善的高速公路回报政策加以实现。高速公路的开通给沿线区域带来较好的社会经济效益，所以可以根据资产的增值（主要是土地）、运输费用和人工时费的节约合理地向受益的部门和企业征收高速公路发展费作为高速公路建设资金。政府还可以在争取外部资金来源上积极探索多元化投资的新体制。一是可以加强吸引外资的力度；二是制定优惠政策，争取国际通行的 BOT（建造—运营—移交方式）或与高速公路经济带捆绑开发等形式发展高速公路；三是可以加大高速公路建设的长期债券的发行力度，筹集民间闲散资金；四是转让已建成高速公路的经营权，成立股份公司转向资本市场融资，中西部地区地理环境决定了其平均高速公路费用较东部高，而经济基础的薄弱也决定了高速公路效益比东部地区相对较差，所以政府在筹融资政策上应优先照顾中西部地区，这样才能有效加快中西部地区的高速公路发展。而高速公路投资与一般项目一样讲求投资回报，投资收

益是任何投资活动的落脚点，能否合理使用高速公路建设资金，获得良好的投资回报是决定能否形成高速公路投资的良性循环的关键。

（三）加强高速公路建设项目管理，提高工程质量

高速公路经过前期精心规划和设计后须经过精心组织建设方可达到建设目的，在项目的实施过程中要加强项目管理。首先，在施工单位选择上要通过公开、公平、公正的招投标方法，引入竞争机制择优选用施工单位以保证施工水平和工程费用的合理。在招投标过程中要对投标单位进行严格的资格审查，并坚持"合理标价中的"原则保证施工水平。其次，在施工过程中要加强管理以保证工程质量。高速公路的建设速度要加快，并不意味着赶工期而忽视工程质量的重要性；质量管理人员的业务素质要过硬；质量管理保障体系、项目法人负责制等管理体制要全面推行。最后，要建立科学项目管理体制以强化工程监理。强化监理工程师在监督管理和财务支付方面的权限，提高项目的管理水平。高速公路的建设过程中务必要加强项目管理，这是保证高速公路工程质量、提高高速公路投资效益以更快发展高速公路的客观需要。

（四）努力实践高速公路发展经营管理的新体制

为了加快公路建设步伐，我国很早就进行了收费公路建设，推动了高等级公路的发展。我国目前收费公路的管理体制有的是事业性的高速公路管理机构，有的是高速公路管理公司。就长远的发展而言，高速公路的投资管理有民营化的趋势。实行项目法人负责制，对筹融资、投资、经营管理及资产的增值全过程负责，势在必行，所以推行高速公路公司制是适当的。着力建立现代企业制度的公司对高速公路的建设和运营进行统一管理，不仅有利于保持和维护高速公路的质量，还可以强化高速公路投资的

效益观念，在市场机制的作用下加快我国高速公路的发展。

高速公路的社会经济效益是非常显著的，加快我国尤其是中西部地区的公路建设有利于完善全国范围的公路网络，加快我国交通运输的现代化进程，也有利于全国各地尤其是东部与中西部地区的经济联系，加快我国农村工业化、城镇化、现代化进程，促进我国社会经济的均衡发展，而高速公路的建设中应做好科学的规划和设计，进行多方面的筹资，加强施工项目管理和高速公路的经营管理，这样才能最大限度地发挥高速公路的作用，推动我国高速公路的快速发展。

第三节　加快公路交通网络建设，促进城乡经济协调发展

许多省市具有非常发达的高速公路网络，然而长期以来作为主要干道分支的普通公路建设发展缓慢，不利于城乡二元经济结构的改革，因此，必须加快公路网络建设，特别是要加快农村道路建设，使高速公路能通过公路交通网络系统对农村发挥更大更直接的影响作用，有效地促进城乡经济协调发展。这里以我们湖南省调研的情况为例，提出加快公路交通网络建设，促进城乡经济协调发展的一些对策措施。

一　加强思想认识，加大政策投资投入力度

积极应对二元经济结构的消除，首先要在思想上正确认识公路网络对城乡经济发展的重要影响作用，继而在政策上优先扶持公路网络建设，奠定城乡沟通的良好平台基础。

首先，湖南省公路网络的发展离不开中央政府的有力政策支持。中部的缺陷及其二元经济结构的形成有着长期的历史原因，

政策资源在东部改革开放、西部大开发、东北老工业基地改造中更显匮乏，在支持中心城市的发展中更注重传统农业对现代工业化的贡献而忽略了对农村部门的反哺政策。尤其是，中部地区环境决定了其平均高速公路费用较东部高，而经济基础的薄弱也决定了公路效益比东部地区相对较差，所以中央政府在筹融资政策上可优先照顾中部地区，温家宝总理在促进中部地区崛起座谈会上提出，加强综合运输体系建设，当务之急是交通先行。因此，中央应该继续对农村公路建设的工作思路和投资结构作战略性调整，要持续加大对农村公路建设的投资力度，尤其要凸显对中部地区的支持以实施"中部崛起"战略。2005 年 9 月交通部部长张春贤在考察湖南省交通工作时指出，交通部将全面支持湖南加快通道建设、农村公路建设、路网改造和内河航运建设。按照交通部的规划，正在实施的 500 亿元投资计划应保证公路县通乡，中期的 2010 年规划应使乡通行政村公路（里程达到 310 万公里），远期的 2020 年规划应使所有路面达到高级、次高级标准，这些具体规划的实施应倾向"不东不西"的中部。为此，湖南省应积极争取国家对中部地区的支持，从中获得路网建设的政策资源优势，截至 2003 年 9 月，湖南省在县通乡公路建设中共获得国债资金 5450 万元，占到位资金比重约 10％，按照比例全省县通乡公路建设至少需要国债资金支持达 3 亿元。

其次，在省内的发展战略上，政府应该进一步将发展眼光从中心城市的崛起转到地区的和谐，不应片面追求"增长极"的崛起而忽视了城乡的协调。在全省县通乡公路建设中，截至 2003 年 9 月来自于车购税和省配套资金的部分占到位资金（51139 万元）仅为 2.4％，而地方自筹折合的比重高达 76％，在类似的公路网络建设中除了加快完善城市密集区公路互通建设，还要积极实施农村公路通畅工程和通达工程，实现二级以上公路连接全省各个县区，具备条件的通村公路实现 70%硬化，并将大部分渡口改为桥，因而更需要省政府的大力支持。

最后，在具体政策制度的制定和实施上，应坚决贯彻落实。如转贷资金可按湘政办明电［2003］160 号通知精神落实，县到乡镇公路建设属于农村公益性基础设施项目，不能设站收费，没有还款来源，因而项目业主不能作为还贷主体，故各市州确保资金及时拨付业主单位，不能影响工程的进度和质量。在投标和施工资质上，也需要制定具体的政策加以保障。正确的认识和优惠的政策是公路网络能够加速建设的重要前提。

二　广辟融资渠道，充分保证公路建设资金

公路网路建设投资大，而且公益性强，一般的民间资金难以介入，所以能否筹集到公路建设资金是决定其发展的关键。2004年公路建设资金以国内贷款和自筹资金为主，全年公路建设到位资金 4390.35 亿元，资金到位率为 93.4%，其中国家预算内资金占 39.3%，上年末结余资金占 7.8%，假如以全国的平均比例而言，湖南省在车购税、贷款及利用外资等项目上存在严重不足。一方面，要继续加大配套资金筹措力度，国省补助资金在安排路面建设外应尽可能满足部分建设难度大的项目的部分路基建设经费。另一方面，进一步加大自筹资金筹措力度。充分发挥市、县区、乡镇三级的积极性和主动性，如借鉴在县通乡公路建设中部分地方政府的做法：长沙县政府划拨 500 亩土地开发融资用于县乡公路建设；株洲市除茶陵县、炎陵县以外，其他县（市、区）财政每公里补助 2 万元，用于路面补助经费；湘潭市为解决资金不足问题，市政府决定从开发银行贷款 885 万元，承贷主体仍是各县（市、区）政府。

然而，需要注意的是，来自"塌陷"的中部政府的建设资金

终归有限，而且难以均衡分配，所以必须坚持以自筹资金为主，开辟多种融资渠道：一是可以加强吸引外资的力度，争取外资数量的稳定增长；二是制定优惠政策，创新使用国际通行的 BOT 或与交通经济带捆绑开发等形式发展公路网络，扩大自筹资金的规模；三是可以加大公路建设的长期债券的发行力度，筹集民间闲散资金；四是转让已建成公路的经营权，成立股份公司转向资本市场融资；五是随着民营经济的崛起，直接引进民间资本参与有一定经济效益的公路项目投资，这是公路建设资金来源的主力军。另外，充分调动人民积极性进行"民工建勤"可以有效节约公路建设成本，充分利用农闲季节开展公路建设大会战。此外，要加强资金的管理，既要按进度拨付资金，保证工程进度，又要注意节约，管好用好每一分钱。

三　科学规划公路网络，加强建设运营管理

公路网络的建设中应贯彻科学发展观，进一步加强规划与管理。一是在公路网络规划时要因地制宜地考察资源禀赋因素，路线的选择有利于地区旅游、矿产等资源的有效开发利用，有利于推动农业产业化基地建设和小城镇建设。二是公路网络开发应该大网小网并举，严格按照技术标准修建公路，如县乡公路须达到四级公路技术标准，路基宽度不小于 6.5 米，路面宽度 6 米，特殊情况下不小于 5 米。三是在项目建设中加强管理，公开、公平、公正地招投标以择优选用施工单位，从而保证施工水平和工程费用的合理使用，在施工过程中要加强管理以保证工程质量，建立科学项目管理体制以强化工程监理。建立目标责任制，严格执行目标考核：从路基开始要严格把好质量关，特别是采用民工建勤方式实施路基改造的地段，应建立严格的工程质量责任制，明确责任，落实到人，奖罚分明；要严格进行工程竣工验收，只

有验收合格后的工程才能投入使用，对不合格的工程必须进行整改，甚至推倒重来，使之达到合格标准。四是加强公路的运营管理，出台政策确保公路建设对环境的污染降低到最低点，抓好公路绿化并对道路招标养护、分段养护，使得公路的运营管理能提高其使用效益。

第四节　正确处理政府推动与市场引导的关系

我国农村城镇化的发展，小城镇数量的增多，很大程度上归功于各级政府对小城镇建设和发展的大力支持，然而，众多的小城镇是地方政府大搞"城镇热"的产物，缺乏市场的引导，与经济脱钩，达不到发展农村经济的目的。而高速公路建成后，沿线优越的地理位置将成为经济发展的巨大优势，与此同时会促进大批小城镇的建立作为经济发展的载体。在高速公路沿线地区的小城镇建设中，应该避免传统的政府行政手段单一主导的弊端，正确处理好政府推动和市场引导的关系，建设好高速公路沿线小城镇，使之与农村工业化、现代化互相促进，推动农村经济快速发展。

小城镇是有一定级别的行政单位，其设立离不开政府行为，而就其基本职能而言主要是为社区成员提供生活服务和为农村非农经济提供活动场所，所以市场机制也应起到重要作用。小城镇建设和发展的根本动力，不在于政府单方面的推动，而在于农村社会经济发展的要求。农村经济进行结构调整的要求使得小城镇积极吸收城市的产业扩散和发展农村非农产业。

首先，城市容量的饱和及产业结构的不断升级使城市产业扩散不断进行，而具有大量廉价劳动力和土地资源、又具备一定的基础设施发展水平的小城镇理所当然成为吸收产业扩散的最佳主体。转移的产业因为在生产要素或市场方面的比较优势，与生产专门化的城市产业配套协作而延长生命周期，从而促进农村经济发展。

其次，原本分散的乡镇企业在农村工业化的发展中需要向小城镇集聚。乡镇企业是城乡二元分割的产物，也是农村工业化进程中农村经济发展的产物，这导致了乡镇企业一方面分散地分布在农村以满足当地农村市场需求，另一方面通过集聚以营造产生集聚效应的生产经营环境，从而扩大农村工业的整体实力，而小城镇作为非农经济的活动场所，能有效吸引乡镇企业的集聚。

最后，农村剩余劳动力的吸纳要靠小城镇的发展。以发展大中城市为主的吸收农村剩余劳动力的模式是不现实的，但农村剩余劳动力的大量存在要求农村非农产业的大量发展，调整农村经济结构，吸收更多就业人口。

从农村现代化的角度来看，农村城镇化的发展还有两个方面的推动力。一是农村居民对城镇丰富的物质生活的向往。二元分割将农村居民排除在城市之外，随着小城镇的发展，许多农村居民向小城镇迁徙、抛弃"面朝黄土背朝天"的传统生活方式，这种转移同样可以促进非农产业的发展，但属于城镇化的拉力作用，并非剩余劳动力提高收入的自身推力作用。二是社区公共事业的发展。小城镇的基本职能之一是为社区居民提供生活服务。所以作为一定区域经济、文化中心的小城镇会加快发展公共事业，改善人们的生活环境，农村非农经济的发展为小城镇公共事业的发展提供了经济后盾，两者互相促进中小城镇的功能、规模不断提高。小城镇行政单位的确立，公共事业的发展客观上需要政府的介入，而其经济的发展同样也需要计划和市场两种配置资源的基本手段共同作用。要发展好高速公路沿线小城镇，必须处

理好政府推动和市场引导的关系，即计划和市场两种手段的合理
搭配。

农村城镇化中的政府推动作用主要是指政府在小城镇建设中
制定合理的规划和政策进行引导和调控。

第一，政府推动作用应体现为做好城镇的规划，定好城镇发
展方针。处于高速公路影响区的小城镇与高速公路沿线上的大中
城市保持紧密的联系，而又依托农村作为发展基础，所以在规模
和职能定位上应首先以发展成为相邻大中城市的卫星城市为目
标，顺应城镇未来可能的发展模式。城镇的规划应尽量利用高速
公路创造良好的区位优势，选择与高速公路出入口地区有便利交
通的区域作为优先发展的重点对象，并着重做好城镇建设的以下
两个方面的工作：一是要做好城镇功能区分的优化指导。小城镇
规模较城市小，功能简单，规划上一般分有工业区、公益事业
区、市场区和生活区等。小城镇的选址不是简单地"划地建镇"，
而是首先选择在能充分利用高速公路运输优势的地方规划城镇总
体布局，而城镇工业区、市场区在所有的城镇功能区中的地位又
是最为重要的，这就决定了各种工业园区、经济区、商业贸易区
的地理位置优先向高速公路靠拢，而主要由公共设施、事业单位
组成的公共事业区和城镇居民住宅构成的生活区可处于相对较偏
的位置，而且各种功能区要从长远规划出发，整体优化城镇的功
能。二是要处理好小城镇建设和耕地保护的关系。盲目地"划地
建镇"通常会造成土地浪费，而城镇的建设和不合理规划也会使
耕地浪费。小城镇的建设用地应该有组织地统一规划、统一开
发，按照规划对工业、商贸、生活、公益等功能分区制定相应的
政策，提高对土地资源的有效开发。

第二，政府应该积极鼓励和引导投资，塑造和强化小城镇发
展的产业功能，小城镇的发展失去经济基础的支持将变成无本之

木、无源之水，所以小城镇能得以持续发展的先决条件是具备一定竞争力和比较优势的特色支柱产业。小城镇的共同发展基础是拥有大量的廉价劳动力，而由于地理位置的不同，各小城镇会拥有一定特色的资源，这是发展特色支柱产业的基础。在高速公路沿线，由于高速公路的开通，一些旅游资源具备了开发的条件，生态农业、绿色农业也具备了开发的优势，尤其难得的是这些产业对技术和资本的要求并不高，所以旅游、特色农业等产业可以作为小城镇特色的产业加以发展，政府在这些特色产业的发展中所应该做的工作是出台相应的优惠政策，积极鼓励和引导投资，加快小城镇特色支柱产业的发展。

第三，政府应该努力建设小城镇社会保障制度建设，使小城镇居民享有基本的生活条件，安定的社会环境并且尽量减少进镇工作的后顾之忧。小城镇社会保障制度的建设应致力于建立起适应小城镇发展需求的住房、医疗、就业、教育和社会保障制度以促进小城镇健康发展。同时，政府应该严格规范自身行为，致力于树立公正廉明、高效的政府形象，以实际行动促进高速公路沿线小城镇发展。总之，政府在高速公路沿线的农村城镇化发展中必须进行良好的职能定位，这样才能有效促进农村经济发展。

我国是实行社会主义市场经济体制的国家，市场机制在资源配置中起基础作用。中央经济工作会议曾指出，要注意运用市场机制走出一条主要通过市场机制建设小城镇的路子。通过市场机制，资源可以自由流向具有最高配置效率的地方实现优化配置。高速公路沿线的小城镇是一个功能齐全的社会单位，市场机制作用主要来源于不断趋于完备的产品、技术、信息、资金等市场构成的市场体系。首先，地区特色资源、丰富的劳动力资源可在要素市场上交易、与其他要素组合配置后产出一定的产品或可提供一定的服务；其次，产品及服务的供给不断完善和发展产品市场；最后，各类子市场的组合可将一定范围内的资源有效组合，实现有效配置。以市场机制引导高速公路沿线小城镇的建设和发展，最关键的问题是开辟有效的投融资渠道及产品流通市场。资金不足不只是大中城市发展的严重束缚，也是小城镇发展的"瓶颈"。资金在小城镇初期的发展中尤为重要，市场机制的引导作用即在于多渠道、多途径资金筹措渠道的建立。除了政府出资以外，个人、企业可以以自有资金或借贷的资金进行投资，多元投资的前提是可以在自有运转的市场中追逐利润。市场机制的另一个重要引导作用在于根据产品市场的供求发展出有一定竞争力的小城镇产业。市场主体是在利益驱动下进行行为选择的，在这个重要前提下，产品市场的供求关系影响甚至决定了一些重要产业的出现和发展，即生产适销对路，能满足消费者需求的产品的企业才有可能获得发展，这样也就引导了小城镇支柱产业的形成并最终带动关联产业的发展，为小城镇的持续发展提供资金支持。

在高速公路沿线的小城镇发展中，政府推动和市场引导两者是缺一不可的。政府推动带有计划的性质，计划正确的关键是政府职能的准确定位，而市场机制的基础性作用应该是贯穿始终的。

第五节　走与农业产业化、城市农村化结合发展的道路

小城镇是连接大中城市和乡村的纽带，小城镇的发展既有农村的经济基础支持，又有城市的辐射和带动，高速公路的开通加强了城—镇—乡体系的内部联系，沿线区域农村工业化、城镇化、现代化的推进要求城镇—乡村区域加强农村产业化与城市农村化的结合发展。

根据产业经济学的"结构—行为—绩效"SCP 分析范式，农业的产业组织结构影响农业经营者的行为，进而影响农业的经营绩效，所以农业绩效提高的根本问题在于改进和优化农业产业组织结构。基于此，农业产业化可以简要地定义为使农业生产经营方式向高度市场化和现代化以适应市场经济的产业组织体系的发展。农业产业化经营的重要作用有：一是促进农业和农村经济的战略结构调整，通过农业产业化发展适应市场需求的农产品生产经营，并提高农产品的科技含量和增加值；二是改变我国农业小规模经营，资本、技术有机构成低的现状，培育具备竞争力的经营主体，提高农业生产率和综合国际竞争力；三是增加农民收入，促进农村工业、小城镇及农村现代化的发展。

高速公路的开通，为沿线地区的农业产业化创造了有利条件。

首先，高速公路的开通为农业的产业化经营提供了要素基础。高速公路的开通使得农业产业化经营所需的大批农用机械及时引进。高速公路建设带动一系列产业的发展，建成之后又促进沿线工业及其他行业的发展，这个过程使许多农村劳动力转移到非农产业就业，农村劳动力的解放使农业土地的规模经营具备了可行条件。高速公路的开通刺激了资本向沿线地区流动，极大地推进农业产业化进程。在农业产业化程度较高的美国，资本大规模向农业渗透是其农业产业化的基本手段。我国农业基础较差，资本投入少，获得足够的资本是农业产业化发展的关键问题。国内建成较早的高速公路沿线农业发展得益于大量资本的投入。菜篮子工程、畜禽养殖业、特色农业、创汇农业等产业化程度走在全国前列。高速公路的开通，加快了农业、科技、信息、文化向沿线地区传播。加速农业科技成果的转化和农业科技水平，增强农业产业化的活力。

其次，高速公路的开通加强了市场对农业产业化的引导作用。高速公路的连接相对缩短了时空距离，扩大了市场范围，同时高速公路引发的人口集聚也扩大了市场的容量和构成，市场范围、容量及构成的变化引发了市场需求的变化。高速公路连接的农村地区与城市距离较近，新鲜蔬菜、鲜活农产品的需求量较高速公路开通前显著增大，需求的变化引导农业产业结构的变化，规模经济程度的提高最终促进农业产业化的发展。此外，高速公路的开通还使得农村地区独特的乡土文化和旅游景点成为独具潜力的资源，促进农业产业结构不断调整优化，使农业生产经营市场化程度、经营绩效不断提高，加促农业产业化的发展。

最后，高速公路的开通使政府加强对农业产业化的推动。农业的规模化经营、特色化发展有赖于政府出台一系列的利好政策加以扶持。农业产业化的主要推动力是市场，而美、日等发达国家的农业产业化过程中也体现了政府的大力扶持和保护，是"看不见的手"和"看得见的手"共同推动的。政府除了因地制宜出台相关的财政、税收等政策加促农业产业化以外，还可以从以下两个方面加以推动：一是加强农业法制建设。高速公路的开通使沿线农业经营趋于复杂，各种农业法律、法规的完善、执法力度的加强及法制宣传的推广尤为重要。二是加快农业科研、教育及农业社会服务体系的发展。农业产业化以科学化为主要特征，政府在高速公路开通后因农业产业化的需要而投资发展农业教育、科研、推广等科教服务体系，同时在农产品的生产、加工、运输、销售等产业化环节上完善市场体系建设。高速公路的开通加快了沿线农业化的发展，农业产业化最重要的作用是协调乡村与小城镇的社会经济发展。农业产业化所形成的龙头企业与农户保持紧密合作，两者有着共同的利益，农户收入的持续提高有利于农业产业化的推进。农业产业化的发展使更多的农业产业组织以乡镇企业的形式出现，这是乡镇企业结构调整、加强城镇经济基础的需要。农业产业化经营成为小城镇的经济增长点，辐射农户又与城市经济有效互补，从而可为小城镇的发展提供不竭动力。

在城—镇—乡的发展体系中，农业产业化在镇—乡子体系的发展中发挥了重要的作用，但在城—镇发展子体系中的重要性不大，为了完善城—镇—乡的发展体系，有效促进高速公路沿线地区的农村工业化、城镇化、现代化，则必须与城市农村化相结合，推动城—镇发展体系的快速发展。

我国城市化的发展模式主要有发展大中城市和小城镇两种。发展大中城市则可以较容易地形成城市文明，取得规模、集聚效应，而发展小城镇则顺应我国的实际国情，节省投资，融合城乡，有效吸收大量的农村剩余劳动力。两种模式各有所长，而高速公路的开通有利于两种模式的结合，发挥各自所长，使城市农村化具备可行性。

首先，农村城镇化是我国城市化的一部分，其终极发展目标是使小城镇发展出与大中城市有同等高度发达的城市文明。小城镇之所以小，是因为其规模小，产业集聚效应差。如果有较强的集聚潜力，与大中城市发展联动，则小城镇在产业、基础设施、科技、政策等方面发挥充分的集聚，并随着人的思想、行为方式的更新变迁与大中城市并无二异。高速公路开通使大中城市的产业与新潮文化向沿线小城镇扩散，同化小城镇进而城市农村化，这种发展符合小城镇发展的战略目标。

其次，城市农村化有利于推动大中城市发展。我国的大中城市工业化水平还处于发展中期，产业结构有较强的高级化转变需要，而人才、财力及城市发展基础使得城市的容量和发展速度受到制约，片面追求大中城市扩张的代价比较大。高速公路的连接，使得城市落后产业能够得到有效转移，并可以加快引进生产要素提升产业结构水平。另外，城市居民凭借高速公路良好的通达性扩展了活动空间，物质文化生活更加丰富，这也是大中城市发展的表现。

最后，城市农村化加快高速公路沿线小城镇发展速度。城市农村化的直观含义是城市文明向农村有效转移。高速公路良好的通达性使城市居民可能移居小城镇以享受优于城市的生活环境，这直接扩大了小城镇的消费群体，促进小城镇的发展；移居的城市居民对农村居民消费的引导可有效缩短城乡之间的消费断层，刺激小城镇社会有效需求的增加；移居的城市居民以先进的思想观念和生活方式带动小城镇社会的发展。城市的农村化还增加小城镇的社会总投资，拉动经济增长，此外，还将加促第三产业发展，吸收大量剩余农村劳动力，逐渐瓦解城—镇之间的二元结构。城市农村化是对高速公路开通有利条件的有效利用，极大地促进城—镇体系的融合与发展。

城市农村化是城市对小城镇发展的直接带动作用，其含义不是"城中村"，意即不是大量的农村剩余劳动力拥入城市而又得不到妥善解决从而造成因城市某一特定区域农村剩余劳动力集聚而造成的贫困状态。相反，城市农村化兼顾城市和农村的发展，有力地避免"城中村"现象的出现。城市农村化对区位条件的限制较为严格，而高速公路的开通则满足了其实施的条件。农业产业化的重要作用在于发展镇—乡体系，使乡村不断迈向现代化的同时也为小城镇发展奠定了坚实经济基础，城市农村化则突出大中城市对小城镇发展的辐射与带动作用，两者结合发展可全面促进农村工业化、城镇化、现代化。

走农业产业化与城市农村化相结合的道路，关键是要从以下几个方面加强政策指引：一是鼓励农业适度规模经营，为产业化奠定前提基础，规模经营不仅提高农业效益，也是农村经济体制改革的发展，是农业产业化所必备的特征之一。二是以市场为导向，因地制宜发展多种形式的产业化。农业产业化最基本的目标是适应市场经济发展，因而要努力尝试多种形式的产业化，如资源型农业产业化、创汇型农业产业化等，多种农业产业化的实施加促农村现代化进程，也能有力促进城市农村化的发展，因为城市农村化的发展需要一定的农村经济发展基础。三是培育龙头企业，加快实现一体化经营，提高经济效益，以加快农村剩余劳动力的转移以及农业产业化自身的良性循环。四是依托产业化为城镇建设提供经济支持，加快城市农村化步伐。五是健全城镇建设的投融资体系，使多元资金主体参与小城镇投资发展。六是政府牵头合理布局城市农村化的发展，并建立有效的管理机构和管理制度，同时扩大宣传，加促城市农村化的进程。总之，以农村产业化为中心，加快城市农村化的进程，这是高速公路沿线农村社会经济发展之道。

第六节　积极改善投资环境促进高速公路经济带发展

高速公路建成不仅提高了沿线地区的综合运输能力和运输速度，降低运输成本，而且进一步沟通了沿线地区与大中城市、交通枢纽和工业中心的联系，刺激沿线投资的大规模增长并最终促进高速公路经济带的形成与发展。高速公路经济带形成的机制是扩散和集聚两种对偶的机制，但对高速公路经济带的形成而言，大规模的生产要素的投资，加快集聚的速度和扩大集聚规模的关键在于改善高速公路沿线的投资环境，刺激投资增长。

投资是为获取收益的各种资源的投入。投资环境是一定时间内影响和决定投资发生并取得预期经济效益的各种因素的有机组合。投资环境是投资活动赖以进行的外部前提条件，是由众多因素构成的整体。改善投资环境需要对投资环境构成中的政治、经济、文化、法律、基础设施等要素逐一改善，使之能有效降低投资风险和有助于预期经济效益的获得。

第一，高速公路的开通已使沿线的交通基础设施有了很大的改善，而作为投资硬环境的基础设施还包括很多内容，而且基础设施的公共品性质需要政府大力扶持建设和发展。交通运输基础设施是为适应物质空间移动需要而建设的，交通运输系统是实现内联外引的基本条件，提高区际交流能力要求积极改善交通运输条件，交通运输系统完善的标志是因地制宜地发展多种交通运输形式提高地区综合运输能力。高速公路沿线的一些地区应该加强路网建设以加强地区内部的通达性，有条件的可以发展铁路、水路、航空等多种运输形式相配套，满足多种运输需求。此外，为了完善货物运输体系，应该规划并建立起运输枢纽站、商品批发中心、仓库等配套设施。高速公路是现代化的先进基础设施，因而其他交通设施也应该有计划、有步骤地提高质量标准和等级，加速其现代化发展。在信息经济的大背景下，高速公路沿线地区还应加快邮电通信事业的发展以改善投资环境，其主要任务是加大服务的普及度和便捷度以改善信息传递条件。经济的运行需要有稳定充足的能源和水资源供应，所以高速公路沿线地区应加快建立健全电力、燃气燃料、给水排水设施以及保证拥有经济运行的基本条件。对于灾害等破坏性因素的监测、预报、防范等措施也需要一系列的设施作为保障基础，这与政府的投资发展是分不开的。

第二，高速公路经济带形成与发展的经济因素需要政府的调控和引导。经济环境是影响投资决策的关键因素，是改善投资环境的主要方面。高速公路沿线地区应该加强经济体制的改革和完善。一是减少政府对经济的干预或操纵，正确界定政府的职能；二是加强国有企业的战略结构调整，并致力于改革建立起现代企业制度；三是鼓励私营经济发展，放松市场管制促进要素的流动。高速公路沿线地区应该是加大政府投资力度，发展提高人民生活质量的基础产业，并以投资推动经济增长，增强地区经济活力和经济技术开发能力，这样才能创造更多的投资获利机会，增强投资者的信心，最终吸引大量的外来资金，促进高速公路经济带形成。高速公路沿线地区应该加强调控、保证物资流动通畅保持经济快速稳定发展。高速公路沿线地区应该改善经济发展的市场环境和产业环境。市场规模和开放程度的扩大可以吸引市场导向型的投资者，市场的完善可以吸引生产要素利用型的投资者，所以具有大量廉价劳动力、土地和其他资料的高速公路沿线地区城镇化的发展需要有第三产业的快速发展作为前提，政府可以刺激第三产业发展调整产业结构以吸引投资。此外，工业化的推进促使支柱产业及其关联产业的发展，其能否健康发展的关键是政府是否有积极的产业政策支持。各种生产要素的流动组合需要有发达的要素市场体系，完善的生产资料市场可以在价格、数量、品质上大大改进生产资料的供应；健全的金融市场可由众多的金融机构提供充足的信用工具，以解决投资中的资金"瓶颈"问题；发达的人力资本市场可以促进劳动力的流动，促进劳动力供应在数量、素质、成本等方面的优化从而刺激投资发展。此外，城市产业的扩散诱因之一是高速公路沿线地价的低廉，因而健全土地使用权交易机制在高速公路经济带的形成和发展中是必不可少的。高速公路经济带的形成和发展还需要外资介入，所以经济环境与国际接轨也是必要的。

　　第三，政治因素虽不是最敏感的因素，但也是改善投资环境所必须考虑的重要因素之一。政府的执政能力和办事效率是影响高速公路经济带形成和发展的重要政治因素之一。改善投资环境，政府应该做到的方面有：一是重视科教事业和人力资本开发；二是重视健全法制，有效地维护社会治安；三是提高社会福利和社会保障工作的水平；四是维护良好的政府形象；五是维护经济稳定和保护生态环境。政府在工作上要努力克服办事效率低的缺点，划清管理责权，简化手续。此外，在吸引投资方面，政府应该采取对外来资金的非歧视性甚至优惠措施，加大宣传表明对各种投资的接纳态度。总之，一个执政能力强、办事效率高的政府是良好投资环境的重要组成和营造者。

第四，社会主义市场经济是法制经济，高速公路经济带的形成和发展需要良好的法律环境。在投资环境中，法律因素的作用是规范社会秩序、保障投资者利益和安全、调节投资行为，良好的法制环境是投资活动的有力保障。法律因素和政治因素有着紧密联系，再健全的法律条件如果得不到有力的实施和执行则是无效的，所以执法必严是改善投资法律环境的先决条件。高速公路经济带社会成分的复杂化需要各种法律法规不断完善和发展，以适应其发展的要求。法律因素对投资的重大吸引还体现在相关鼓励投资的法律法规的出台。为了更有效地刺激投资，可以适当地实行税收优惠，这样可以降低项目可行性门槛，增加投资赢利。此外，关于减免税额、降低各种生产要素的费用标准、优惠贷款等法规也是吸引投资的法律手段。

第五，社会文化因素作为投资的软环境也是需要不断改善的，社会文化因素主要包括语言、民族、宗教、风俗、传统价值观念、道德标准、教育水平和人口素质等。高速公路所经之地有的是不发达的农村地区，语言、风俗、价值观念等社会文化因素的封闭性使外来投资和对外直接投资（FDI）一样有文化障碍，可能会影响投资的效率和增加生产经营的难度。社会文化的各地差异要求地区间加强交流，扩大开放以形成统一的社会文化环境，而且对于不发达地区更应该加强科学的传播，注重观念的更新改造，尤其是加大教育投入，提高劳动者文化技术素质，最终使投资活动在良好的社会文化环境中展开。而另一方面高速公路沿线地区具有一定特色的民族文化和宗教文化，是具有开发价值的社会文化资源，是发展高速公路经济带特色产业的基础。

高速公路的开通极大地改善了沿线地区的交通运输条件，造就了巨大的区位优势，而高速公路经济带的加快发展需要不断完善和优化基础设施，经济环境、政治、法律、社会文化等投资硬环境和软环境。

第七节 积极进行配套制度改革

新制度经济学认为，制度是重要的经济发展动力机制，有效的制度安排能促进经济的增长和发展，制度创新也可以促进经济的发展。我国农村经济的发展，关键问题是非农产业的发展以及农村剩余劳动力的大规模有效转移。高速公路开通后，沿线地区应进行农地、户籍、用工、保障等配套制度改革，抓住机遇促进农村剩余劳动力的大规模有效转移和农村经济的发展。

一 改革农村土地流转制度，加促农村剩余资源资本化

高速公路的建设加快了沿线地区的开发速度，但是农业用地的流转机制不健全在一定程度上限制了农村土地的流转规模，导致了交易的不规范和农业剩余资源的资本化程度低，进而阻碍农村经济的发展。当前农村土地流转主要有三大障碍。一是农村土地产权不明。清晰的产权界定是市场交易的有效前提，也是土地流转的客观要求。我国法律规定土地承包者有土地的承包经营

权,而农村集体所有制主体缺乏人格化的代表行使财产权利,部分土地承包者甚至不将土地承包经营权视作财产权利,而且土地承包经营权并非市场机制的产物,承包者缺乏完全独立的经营自主权。二是农村土地流转市场化不高。土地经营权缺乏标准的评估定级依据。难以形成科学合理的土地价格体系,一些地方政府在征用国家建设土地时采用无偿征用、低偿购置等非市场化的手段。农村土地流转中介组织的稀少和不规范一定程度上限制了土地流转的范围和频率,也容易导致交易不规范。三是不发达地区土地投资机会少,土地承载着就业和生存保障功能,加上浓厚的恋土情节影响,土地流转意愿不强。工业化需要农业剩余资源资本化支持,城镇化的核心问题是减少农民及农村人口数量,现代化是农村社会经济结构的不断升级。因此,农村劳动力尤其是大量的剩余劳动力转向非农产业,农业用地作为生产要素流转顺畅,农业其他剩余资源充分资本化,是农村工业化、城镇化、现代化的客观要求,其核心问题是改革农村土地流转制度,消除流转障碍。

改革农村土地流转制度,必须以市场化为取向从政策和法律上加以规范和引导。第一,要确立土地承包的财产权利,即从法律上明确农村土地承包经营权的有偿自由转让,并明确土地承包者与集体、国家之间的契约关系,保证承包者权利和责任的对等。第二,建立和完善土地经营权市场,健全土地流转机制。政府要加强干预,制定相关法律法规,对农村土地流转中介组织及土地流转的相关环节进行规范指导,保证土地经营市场的良性运作。有了完善的土地经营权流转市场,才能形成公平合理的价格体系,优化土地资源的配置。第三,规范农村土地经营权的交易收益。对土地经营权流转收益课以土地使用税、土地增值税等,主要是对个人投入增值部分要征收增值税。第四,进行农村土地流转的制度创新。一方面，可以将土地证券化；另一方面，可推行土地的公司化经营管理，发挥土地流转的集聚效应。通过产权制度及流转制度的改革，农村土地的资本化也将推动农村剩余劳动力等剩余资源在农村工业化、城镇化和现代化中得到优化配置。

二　进行户籍制度改革

我国的户籍制度是在 1958 年颁布实施的《中华人民共和国户口登记条例》基础上不断完善和发展的，近年来《公安部关于推进小城镇户籍管理制度的改革意见》等政策对我国户籍制度的完善及城市化的推进起了重要的作用，但现行户籍制度已不适应我国社会经济发展的需要，应该从以下三个方面加以改革：

第一，打破城乡二元分割的户口管理结构，建立统一的城乡户口登记管理制度。我国现行的"农业户口"和"非农业户口"的二元户口管理体制是在原来的粮油统购统销政策基础上形成的，适应了新中国成立初期农业生产力水平较低的国情，有效地维护了城乡社会经济稳定，但是在当前农村剩余劳动力大量拥入城镇务工经商的条件下，以定量粮供应划分的二元户口管理制度已不能真实反映我国城市化水平，不适应经济发展需要。高速公路经济带乃至国民经济的发展要求打破不合理的城乡二元分割户口管理结构，建立统一的户口登记制度，以居住地划分城市人口和农村人口，以从事职业划分农业人口和非农业人口，消除农村劳动力向非农产业转移的户口障碍。

第二，改变城镇基本落户条件，调整户口迁移政策。面对当前巨大的农村剩余劳动力转移压力和经济发展带来的转移机遇，各级政府应该根据社会经济发展需要改变城镇基本落户条件，调整户口迁移政策。小城镇是吸收农村剩余劳动力的主体，应该完全放开户籍管理，简化户口迁移审批手续，只要有稳定职业、收入和固定条件，任何人都可登记为城镇常住户口。大中城市可以根据城市发展的实际需要实现较严的户口迁移政策，缓解人口压力，吸引高级人才加强城市发展后劲，但也不可一味地将农村剩余劳动力排斥在外，落户条件应该有不同"门槛"标准，适度吸收农村劳动力。

第三，加强户籍管理的法制化建设，严格户口登记制度。户籍管理制度涉及城乡人民的切身利益和社会经济发展的稳定，因而加强户籍管理制度的法制化建设、严格户口登记可以全面准确地掌握人口信息，引导农村剩余劳动力的大规模有效转移，保障公民的合法权益。推行户籍制度改革，高速公路发展才能促进更多的农村剩余劳动力有效转移。

三　进行用工制度改革

农村工业化、城镇化、现代化的实施过程能有效转移农村剩余劳动力，而顺利转移还需要对劳动力的需求加强政策指引，用工制度的改革就是其重要的内容之一。《中华人民共和国国民经济和社会发展第十个五年计划纲要》强调了取消农村劳动力进入城镇就业的不合理限制、引导农村剩余劳动力有序转移的重要作用。2003年1月5日发布的《国务院办公厅关于做好农民进城务工就业管理和服务工作的通知》进一步强调取消对农民进行进城务工的各种不合理限制，对农民进城务工各个环节进行了规范性指导，为农村劳动力的合理流动提供了政策支持。改革用工制度，加大农村剩余劳动力的转移，应该采取的政策措施有：一是彻底改变城镇居民高人一等和歧视农民的腐朽观念，提高思想意识，齐心合力面对大规模农村剩余劳动力转移的压力。二是营造宽松的就业环境，切实取消各种对农民进城务工的不合理限制。

新中国成立以后相当长时期的计划经济体制及城乡分割的户籍管理制度严重阻碍了城乡之间的劳动力流动，改革开放后农村劳动力的转移规模逐渐扩大，但社会各界对"民工潮"褒贬不一，莫衷一是。2001年城市限制农民进入的行业最高达到60种以上，农村劳动力进城务工面临着种种限制。虽然各种有利政策相继出台，但城乡就业市场仍未对农民工完全开放。三是坚持公平原则，给农民工以统一的国民待遇。为了解决城市就业压力，一些地区优先安排本地城镇居民就业，无视国家政策大施行政手段，使进城农民失去从事非农产业活动的平等权，此外，有些用人单位在工资待遇、劳动保护上区别对待，歧视农民，这是不公平的表现。四是简化就业手续，取消不合理的收费。城镇在办理农村劳动力就业手续上时间拖得过长，收费过高可被视为阻碍城乡劳动力流动、提高农村劳动力转移的门槛。五是妥善安置好土地被征用的农民。高速公路建设及其劳动的系列经济开发使许多农民的土地被征用而变成剩余劳动力，所以加强就业指导，妥善安置无地农民是保持社会稳定的需要。六是加强教育、技术培训并完善社会服务体系，这不完全属于用工制度的内容，但也提高了劳动力素质，解决其后顾之忧，使之符合用工需要。

四　完善必要的社会保障制度

完善的社会保障制度是现代化水平的重要标志，也是工业化、城镇化快速发展的前提。我国目前最低的生活保障只覆盖了大部分的城市居民，建制镇及乡村地区的人口只能依靠家庭保障，这对农村的改革和发展非常不利。目前随着社会的老龄人口剧增，保障需求增多；农村耕地不断减少，外出务工农民不断增多，保障需求增大而家庭保障能力减小；城乡收入差距悬殊已使许多农村人口处于无保障的状态。这样，即使高速公路开通增大了农村剩余劳动力转移的可能性，然而社会保障制度不完善，后顾之忧没有解除，农村剩余劳动力仍不能有效转移。农村地区的社会保障制度应该由政府经办建设，从低标准起步并扩大覆盖面。以家庭养老为主，积极发展社区养老和社会养老。医疗保险方面应积极探索多种类型、多种层次的医疗卫生保障制度，包括合作医疗、劳保医疗、住院保险等。

高速公路的建设加速了沿线农村地区社会经济的发展。在党的十六大之后，农村地区将继续发生从产业到社会层面的战略转型，以吸收农村劳动力为主旨的工业化和城镇化路线的实施和一系列向"三农"倾斜的政策出台不仅有利于高速公路的加快建设，也会加强高速公路发展对农村工业化、城镇化、现代化的推进作用，促进农村剩余劳动力的大规模有效转移。高速公路与农村社会经济的发展将在有利政策扶持下相得益彰，互相促进。

第十章

结论与展望

第一节 主要结论

一 高速公路经济带是社会经济发展的必然产物

高速公路的开通改善了沿线两侧及端点地区的交通区位和交通运输条件，吸引了大批产业向这些地区转移和集聚，最终形成一定结构的产业群的空间带状分布，也即高速公路经济带。

本书对高速公路经济带的定义是：以高速公路作为主要运输通道和发展轴线，凭借其大流量、高速度、强辐射等特点改善两侧地区区位条件，吸引各种资源集聚并使之产生强烈的技术经济联系而提高其配置效率和水平的具有向外扩散发展趋势和动力的带状区域经济系统。

高速公路经济带是依托高速公路，综合发挥各种资源配置手段的不断发展的经济系统，是社会经济发展的必然产物。高速公路经济带的研究属于交通经济学和区域经济学范畴，实践表明，交通运输作为经济发展环境的重要内容对经济发展产生重要影响，而具有区位优势的地区经济的优先发展是区域经济快速均衡发展的客观要求，高速公路经济带的出现是客观必然的，并且作为新事物，显示出了较强的生机和活力。

　　高速公路经济带是区域经济不平衡发展的产物，其发展演进带有梯度和反梯度发展、增长极发展等模式特征，并经历起飞、形成、发展和成熟四个发展阶段，在区域经济发展中发挥重大促进作用。国外经验表明，高速公路开通三年到五年后一般可形成高速公路经济带，而国内早期建成的高速公路的沿线区域也已经呈现出带状发展的特征。

二　三元经济结构是我国二元经济结构向一元经济结构转化的过渡模式

　　以刘易斯二元经济结构论为主的二元论曾在发展经济学理论中占据主要地位，致使许多发展中国家在经济发展中对农业重视不足，传统农业部门和现代工业部门的发展陷入恶性循环。我国长期的计划经济体制和城乡二元分制使城乡经济存在明显的二元特征。我国特殊的国情决定了西方农村经济增长及战略理论不能胜任正确指导我国经济发展、消除城乡经济二元结构的重任。本书在部分学者研究的基础上开创性地提出三元论及“二元——三元——一元”的农村经济发展理论和发展模式，并进而在农村经济发展理论中提出“工业化—城镇化—现代化”的发展链理论。我国的农村工业在改革开放后得到了迅速发展，乡镇企业享有“三分天下有其一”的美誉，农村工业已经发展成为介于农村传统农业与城市现代经济中的一元结构，使我国经济由二元结构向三元结构转化。三元结构的存在说明三元论是符合国情的，怎样有效地使经济向三元结构过渡并最终向一元结构发展是我国经济发展理论和实践的历史使命。我国农村经济的现实情况是农村非农产业落后，城镇化水平低，滞留着大规模的农村剩余劳动力，因而我国农村经济发展的关键是成功转移剩余劳动力，发展非农产业，提高城镇化，加速现代化，也即农村经济应该遵循一条“工业化—

城镇化—现代化"的发展道路，在"三化"的循环推进中发展农村经济，使城乡实现一体化，最终消除经济结构的多元结构特征。

三　高速公路引发集聚和扩散效应推动农村经济的"点—片—带"发展

高速公路的开通促进沿线地区资源的开发和利用，加强了产业的关联，开辟了市场，从而引发极强的集聚，使各种要素迅速向沿线集聚。产业的集聚既有同种指向同产业部门、同种指向多产业部门、多种指向多产业部门的指向性集聚，也有横向、纵向的经济联系性集聚。从规模的角度看，企业改变生产要素的量态组合以追求单个企业的大规模经济效益而发生扩张性集聚；改变其外部产业环境以谋求协同的集聚效益而发生群体组合性集聚。扩散是集聚的对偶，旨在消除集聚的不经济或实现新的发展。扩散按其方式不同可以分为扩张扩散、梯度扩散和跳跃性扩散。高速公路所连接的地区自然条件、资源禀赋、交通网络及经济基础的差异引发集聚和扩散机制效应。区位优势点以较强的集聚效应优先发展，集聚在发展到一定程度后发生溢出，也即扩散效应强于集聚效应，带动周边地区发展，所以，高速公路对我国经济的"点—片—带"推动过程主要是：集聚效应推动经济中心形成并按一定的结构层次分布于高速公路沿线；经济中心作为发展节点不断扩张并带动周边地区发展而成"片"；高速公路轴线上"片"的扩大交融促进具有较强经济发展动力的发展带面形成，并随时间推移而不断扩张。

四　高速公路对我国农村经济工业化的发展有积极的推动作用

我国农村工业化在广大农村地区的兴起已成为全国范围内

工业化和经济发展的主要动力，更是农村地区社会经济发展的重要源泉，但是以乡镇企业为代表的农村工业在近年来的发展中吸收劳动力就业的能力下降，经营困难，企业亏损增多，总体增长速度下降。农村工业发展趋缓的症结所在是农村工业布局的分散不利于集聚效应的产生，影响企业规模扩张并导致浪费，农村工业制度变革推动力下降，结构与城市工业趋同，但在技术、资本、市场等方面趋于劣势。高速公路的发展能有效地解决农村工业布局分散、结构性矛盾突出等问题，积极推动其沿线区域农村工业化的发展。首先，高速公路以极强的集聚效应有力促进农村工业布局的集中；其次，高速公路能加促农村工业融入城市工业，扩大其对外交流，高速公路发展还带动了农村工业的结构调整及农业产业化的发展，加强农村工业与城市工业的结构互补；最后，高速公路在全国范围内的建设加强了东部与西部、发达地区与欠发达地区的经济联系，带动农村工业化的全面纵深发展，改变农村工业化发展不均衡的局面，提高农村工业的整体发展水平，在国内的重要高速公路经济带发展中，农业产业化、第三产业均有较大的发展，各种工业园区更是成为经济带的构成主体。

五　高速公路的发展促进了我国农村城镇化水平的提高

我国的农村城镇化有赖于投资推动，其根本动因在于追求集聚效应；我国农村城镇化水平滞后于农村工业化水平，在改革开放后发展异常活跃，全国范围内出现了大量的小城镇。我国农村城镇化的发展问题主要是城镇建设分散、规划不尽科学合理、城镇基础设施薄弱、配套功能不全、城镇化与工业化脱钩、没有产业基础、规模小且效益不佳。高速公路发展有利于改善农村城镇化的发展环境，缓解农村城镇化面临的问题。首先，高速公路发

展促进农村城镇化中规划和布局的合理化，高速公路可将农村城
镇化纳入高速公路经济带的发展，使各级中心城镇、卫星城镇大
量涌现。其次，高速公路对经济发展的促进奠定了小城镇的发展
基础，增添了小城镇的发展动力。最后，高速公路使"城—镇—
乡"体系全面发展，加速实现城乡一体化。国内高速公路经济带
的发展推动了城市群及城镇密集区的出现，并有效地扩大了城镇
发展规模，提高了农村城镇化的水平和质量。

六　高速公路的发展加速了我国农村现代化的进程

　　我国长期的城乡分割及对农村经济发展重视不足导致了我国
农村现代化水平较低，发展较慢，主要体现在：农业科技进步贡
献率较低、农业现代化水平低；农村工业发展不快、不均衡、农
村产业结构不合理；农民收入增长缓慢，生活水平与城市居民相
差甚远；农村金融不能有利支持农村经济发展；农村教育进步较
大，但基础差，教育发展水平仍然很低；农村的社会保障制度极
不健全；东部与西部、发达地区与欠发达地区的农村现代化水平
不均衡。高速公路的发展可以有力加促我国的农村现代化进程，
主要表现在：第一，高速公路积极推动农村工业化的发展为农村
现代化提供了原动力保障；第二，高速公路加促提高我国农村城
镇化水平，农村城镇化是农村现代化的重要标志之一，所以高速
公路为农村现代化直接提速；第三，高速公路促进了农村社会服
务体系的完善，提高农村地区现代化水平。高速公路的发展有效
启动了"工业化—城镇化—现代化"的农村经济发展链，加速农
村现代化进程。国内主要高速公路经济带的发展有效提高了当地
农村科技、经济的发展，并改变了人们落后的思想观念，提高了
人们的生活水平。

七 高速公路的发展推动了农村剩余劳动力的大规模有效转移

从劳动力需求的角度计算的农村剩余劳动力总数约为两亿人，随着农村耕地的不断减少，农业劳动力供大于求的矛盾将日益突出。我国亟须将农村剩余劳动力转向非农产业。当前我国农村剩余劳动力转移的重要问题有：农村剩余劳动力素质状况与转移需求不相适应；二元结构下的社会保障制度是农村剩余劳动力转移的重大障碍；乡镇企业吸纳农村剩余劳动力的能力下降；城市失业率较高，城市化发展滞后，难以吸收大量的农村剩余劳动力；农村第三产业发展落后，吸收农村剩余劳动力的能力有待释放；不够规范的政府行为扭曲了市场机制，制约了农村剩余劳动力的转移。社会各界对我国农村剩余劳动力的规模估算不尽一致，但都认为农村剩余劳动力的数量有增加趋势，所以农村剩余劳动力的转移成为亟待解决的难题。按照刘易斯、托达罗各自农村剩余劳动力的转移模型的启示，农村工业化、城镇化、现代化是实现我国农村剩余劳动力大规模有效转移的战略选择。农村工业化和农村城镇化分别是实现我国农村剩余劳动力转移的主要途径和根本方法，农村现代化是实现我国农村剩余劳动力转移的终极目标和实现途径。高速公路的发展可以大大促进沿线地区农村工业化、城镇化和现代化，从而实现沿线地区农村剩余劳动力的大规模有效转移。国内主要高速公路经济带的发展有效转移了沿线地区的农村剩余劳动力。

第二节　主要创新点

本书在研究过程中力求创新或有自己较为独到的认识与见

解。主要创新有以下几点：

一　开创了高速公路经济研究的新领域

高速公路作为现代运输发展的产物，对区域经济社会的发展有着重要的影响推动作用，并在其沿线地区逐渐形成了高速公路经济带，国内外学者对这一现象进行了研究，提出了高速公路经济带基本理论。然而，在这些研究中，并未发现有高速公路对农村经济特别是我国农村经济的专门、系统的研究。本书在对高速公路经济带理论进行了创新论述（如对高速公路经济的含义与特征进行了新的论述）的基础上，以高速公路经济带理论为指导，就高速公路对农村经济的影响作用进行了专门、系统的研究，这在国内外同类研究中是较早的具有开拓意义的，开创了高速公路经济研究的一个新领域。

二　提出了高速公路对农村经济的影响机制、规律和模型

本书认为，高速公路通过集聚机制和扩散机制对农村经济产生影响，两种机制对立统一、互为条件、互为补充、共同作用，推动高速公路沿线农村经济发展和高速公路经济带空间地域的扩大。高速公路对农村经济的影响具有明显的时空规律特征，从时间上具有四个阶段（起飞、形成、发展和成熟）的演进特征，从空间上则以点—片—带的模式发展演进。为了便于对高速公路的影响作用进行定量分析，本书构建了基于时间和运费的高速公路经济带空间界定新模型。

三　提出了适应中国国情的农村经济发展新模式以及与之联系的农村经济发展链的理论观点

本书在对农村经济发展主要理论进行综合述评的基础上，基

于我国农村经济发展实践过程，对我国农村经济发展的理论思想进行了创新探索，提出了适应中国国情的"二元—三元——元"的农村经济发展的新模式以及与之联系的工业化—城镇化—现代化的农村经济发展链的理论观点，这些模式和观点对于当今我国社会主义新农村建设具有科学的指导价值。

四　一般的规范研究与实证分析相结合，形成了研究方法上的特色

一般的规范研究依据本书构建的理论基础，遵循现状分析—高速公路影响机理分析—主要高速公路经济带影响分析三个步骤，运用大量的数据资料，全面分析了高速公路对我国农村工业化、城镇化、现代化以及这一过程中农村剩余劳动力转移的影响作用，实证分析则选择取长潭（长沙—湘潭）高速公路经济带某一区域（洞井镇），论证了高速公路对农村经济发展的具体影响作用。一般的规范研究与实证分析相结合，对高速公路影响作用进行了全面而具体的分析论证，并使本书提出的理论方法与实践得到了更为紧密的结合，从而在研究方法上形成了一定的特色。

五　提出了更好地发挥高速公路影响作用促进我国农村经济发展的系列政策建议

以科学发展观指导我国高速公路建设和农村经济发展；加快我国特别是中西部地区高速公路发展；加快公路交通网络建设，促进城乡经济协调发展；正确处理政府推动与市场引导的关系；走与农村产业化、城市农村化相结合的道路；积极改善环境促进高速公路经济带的发展；进行相关配套变革；等等。这些政策建议以前面的研究为逻辑基础，与当今高速公路建设和农村经济发展动态紧密联合，蕴涵了作者对这些问题的较为独到的认识和思

考，为相关政策的制定和实施提供了科学的依据。

第三节　研究展望

本书对高速公路经济带进行了系统深入的研究，开创性地探讨了高速公路对农村工业化、城镇化、现代化的推动及对农村剩余劳动力大规模有效转移的促进，取得了较大的理论成果，对高速公路及农村经济的发展有重大的实践指导意义，但是研究由于受到现实条件限制不可避免地产生一些局限。

首先，高速公路经济带作为交通经济带的一种，其发展也有其他交通经济带的交互影响，单纯由高速公路带来的社会经济效益不仅存在计量难题，也不可能独立地从交通经济带中分解出来，所以研究的精确性难以把握。国外较成熟的高速公路经济带，如美国波士顿—华盛顿高速公路经济带、日本东海道高速公路经济带等的发展都有了上百年的基础，因为在高速公路开通前的很早一段时间就有了铁路、水运等代表当时先进水平的交通运输方式的强力带动。国内高速公路经济带发展较成熟的沪宁杭地区、东北地区、京津塘地区等素来交通发达，经济的发展不能全部归功于高速公路的开通。

其次，高速公路在我国出现较晚，基于现实条件限制，大部分高速公路经济带发展尚不成熟，高速公路经济带研究的现实基础不足。高速公路经济带有自身的生命周期，作为社会经济发展的历史产物有一定的存在条件，假如各地区高速公路都密如蛛网，则高速公路经济带将失去"带"的意义，而且在高速公路经济带发展普遍成熟的条件下难以在现实中对处于不同发展阶段的高速公路经济带进行深入的比较分析和研究。高速公路在全国的发展也是不均衡的，各地高速公路周边环境不一，所形成的高速公路经济带差异较大，现实条件决定了研究对象选取的典型性和普遍性。

最后，本书没能完整地界定高速公路经济带的边界并准确研究其对农村经济发展的影响。本书发展了高速公路经济带边界界定的空间决定模型，但是，因为国内相关研究的匮乏，以及深入研究的可行性和必要性限制，最终没有准确界定出完整的高速公路经济带边界。尽管如此，本书研究的创新性和前沿性以及研究方法的科学性使研究达到了预期的目的。

基于研究的局限，后续研究可以从以下三个方面进行：一是进一步发展高速公路经济带理论，随着高速公路经济带的成熟深入研究处于生命周期各阶段的高速公路经济带的发展演进机理，为加快高速公路经济带的发展提供理论参考。二是在农村工业化、城镇化、现代化的推进及农村剩余劳动力的大规模有效转移的方法和模式上深入研究，将高速公路带动方式与其他方式进行比较评价，发展出最有效的方法。三是研究高速公路投入产出的社会经济效益，全面研究高速公路对社会经济的影响机理和作用，建立发展高速公路经济学，为高速公路与经济发展的理论研究作出贡献。与高速公路的建设一样，研究将突飞猛进，永无止境。

参考文献

1. 张文偿、金凤君、樊杰等:《交通经济带》,科学出版社 2002 年版。

2. 〔美〕舒尔茨:《改造传统农业》,商务印书馆 1987 年版。

3. 〔美〕迈耶主编:《发展经济学的先驱理论》,云南人民出版社 1995 年版。

4. 陈吉元、胡必亮:《中国的三元经济结构与农村剩余劳动力的转移》,《经济研究》1994 年第 4 期。

5. 《毛泽东选集》第一卷,人民出版社 1967 年版。

6. 杜海燕:《中国农村工业化研究》,中国物价出版社 1994 年版。

7. 姚士谋等:《高速公路建设与城镇发展的相互关系初探》,《经济地理》2001 年第 3 期。

8. 廖元和:《中国西部工业化进程研究》,重庆出版社 2000 年版。

9. 张金锁、康凯:《区域经济学》,天津大学出版社 1998 年版。

10. 汪洋:《"十五"城镇化发展规划研究》,中国计划出版社 2001 年版。

11. 胡顺延等:《中国城镇化发展战略》,中央党校出版社

2002 年版。

12. 马洪等主编：《中国发展研究：国务院发展研究中心研究报告选》，中国发展出版社 2002 年版。

13.《中国乡镇企业年鉴》，中国农业出版社 1997—2002 年版。

14.《2001—2002 年中国农村经济形势分析与预测》，社会科学文献出版社 2002 年版。

15. 陆学艺：《中国农村现代化的道路》，《教学与研究》1995 年第 5 期。

16. 郭振英主编：《腾飞之路：我国高速公路社会经济效益透析》，中国言实出版社 1996 年版。

17. 陈旭：《沈大路活了黑土地》，《中国交通报》1994 年 8 月 30 日。

18.《坚持科学的发展观，为促进经济社会全面发展提供交通运输保障——张春贤部长在全国交通工作会议上的讲话（摘要)》，《珠江水运》2004 年第 2 期。

19. 彭鸿等：《高速公路建设对区域环境的影响与景观系统分析法》，《中国水土保持》2003 年第 5 期。

20. 王淑中：《法国在建设高速公路中的环保措施》，《综合运输》1997 年第 11 期。

21. 杨继刚、夏鑫主编：《高速公路建设运营与区域社会经济发展》，人民交通出版社 2000 年版。

22. 陈鸿宇：《区域经济学新论》，广东经济出版社 1998 年版。

23. 夏淦主编：《高速公路建设运营与区域社会经济发展》，人民交通出版社 2000 年版。

24. 刘茂松：《反梯度投移增长论——湖南经济超越发展的

经济学思考》，湖南人民出版社 2001 年版。

25．杨德才：《工业与农业发展问题研究——以台湾为例》，科学出版社 2002 年版。

26．廖元和：《中国西部工业化进程研究》，重庆出版社 2000 年版。

27．贾生华、张宏斌：《农业产业化的国际经验研究》，中国农业出版社 1999 年版。

28．胡继连、西爱琴：《产业组织制度与中国农业发展研究》，中国农业出版社 2002 年版。

29．陆学艺：《"三农论"——当代中国农村、农业、农民研究》，社会科学文献出版社 2002 年版。

30．廖卫东、王万山：《经济全球化背景下中国农村经济可持续发展》，江西人民出版社 2002 年版。

31．李云才：《小城镇经济学概论：小城镇，大战略》，湖南人民出版社 2000 年版。

32．金盛先：《农村经济探索》，上海财经大学出版社 2002 年版。

33．宋奇成：《以城市带动农村经济发展战略的理论与实践研究》，四川大学出版社 2002 年版。

34．汝信主编：《城市化：苏南现代化的新实践》，中国社会科学出版社 2001 年版。

35．王振：《中国工业化的第二条道路——乡镇企业发展的计量与实证研究》，上海社会科学出版社 1998 年版。

36．唐启国主编：《农村发展经济学》，湖南大学出版社 1999 年版。

37．吕玉印：《城市发展的经济学分析》，上海三联出版社 2001 年版。

38. 张兴茂：《劳动力产权论》，中国经济出版社 2001 年版。

39. 伍新木、张秀生主编：《长江地区城乡建设与可持续发展》，武汉出版社 1999 年版。

40. 喻文益、朱圣伟：《过剩就业经济学》，企业管理出版社 1994 年版。

41. 农业部软科学委员会办公室编：《农业经营制度》，中国农业出版社 2001 年版。

42. 陆大道：《区域发展及其空间结构》，科学出版社 1995 年版。

43. 张金锁、康凯：《区域经济学》，天津大学出版社 1998 年版。

44. 夏飞、袁洁：《实现我国农村剩余劳动力转移的战略选择》，《湖南经济》2002 年第 3 期。

45. 周起业、刘再兴、祝诚：《区域经济学》，中国人民大学出版社 1995 年版。

46. 郑新立：《新经济增长带》，中国计划出版社 1997 年版。

47. 张文尝、金凤君、荣朝和主编：《空间运输联系》，中国铁道出版社 1992 年版。

48. 河北省交通厅公路局：《河北省公路论文集》，人民交通出版社 2002 年版。

49. 韩增林等：《我国主要高速公路经济带发展规律与对策探讨》，《辽宁大学学报》2001 年第 12 期。

50. 尤飞等：《高速公路产业—经济带形成演化机制研究》，《中国软科学》2000 年第 5 期。

51. 杨荫凯等：《交通经济带的基本理论探讨》，《人文地理》1999 年第 6 期。

52. 韩增林等：《交通经济带的基础理论及生命周期模式研

究》,《地理科学》2000 年第 8 期。

53. 米春玲:《加快公路经济的改革与创新》,《山西交通科技》,2002 年第 6 期。

54. 金雷等:《公路经济效益与调查》,《河南交通科技》2000 年第 4 期。

55. 赵玉林等:《宜黄高速公路对沿线区域经济发展的影响》,《区域经济》2000 年第 1 期。

56. 郑魁浩等:《沪杭甬和杭宁高速公路沿线经济发展研究》,《宁波大学学报》1997 年第 3 期。

57. 吕兰明:《高速公路对沿线区域经济发展的影响研究》,《中外公路》2003 年第 2 期。

58. 谢长怀:《江苏高速公路发展趋势和可持续发展的研究》,《交通财会》2003 年第 1 期。

59. 安虎森:《城乡边缘带以及经济区域空间的三元分法》,《延边大学学报》(社会科学版)1997 年第 2 期。

60. 刘小华:《农村现代化——中国现代化道路的战略性选择》,《内蒙古工业大学学报》(社会科学版)2002 年第 1 期。

61. 〔美〕盖尔·约翰逊:《中国农业调整:问题与前景》,《经济学家》1999 年第 6 期。

62. 罗艳芬等:《农村城市化的条件探悉》,《农村经济》2001 年第 8 期。

63. 张晓明:《政府在劳动力市场中的作用》,《徐州师范大学学报》(哲学社会科学版)1997 年第 3 期。

64. 王玉珍:《论我国劳动力市场现状与管理》,《生产力研究》1996 年第 5 期。

65. 赵巍等:《农村工业化过程中社区劳动力市场建设与女性劳动力转移》,《河北学刊》2002 年第 11 期。

66. 朱巧玲：《我国农村剩余劳动力转移的思路与对策》，《农村经济问题》2003 年第 1 期。

67. 官希魁：《中国"三农"问题大透视》，《财经问题研究》2003 年第 2 期。

68. 孙中和：《中国城市化基本内涵与动力机制研究》，《财经问题研究》2001 年第 11 期。

69. 刘传江：《中国城市化的制度安排与创新》，武汉大学出版社 1999 年版。

70. 林毅夫：《中国的城市化发展与农村现代化》，《北京大学学报》（哲学社会科学版）2002 年第 7 期。

71. 霍学喜：《推进我国农业产业转换与升级的理论探讨》，《经济问题》1999 年第 8 期。

72. 汪冬梅等：《产业转移与发展：农村城市化的中观动力》，《农业现代化研究》2003 年第 1 期。

73. 匡耀求等：《中国三农问题及解决思路探讨》，《现代乡镇》2002 年第 1 期。

74. 翟宁武：《加快小城镇建设的思考》，《经济与管理研究》1999 年第 4 期。

75. 曹建海等：《论新型工业化的道路》，《中国工业经济》2003 年第 1 期。

76. 王行伟：《小城镇建设与农村城市化道路的选择》，《沈阳农业大学学报》（社会科学版）2002 年第 1 期。

77. 国家计委国土开发与地区经济研究所课题组：《小城镇建设与发展问题研究综述》，《经济研究参考》2001 年第 77 期。

78. 中国社科院农村发展研究所课题组：《小城镇建设与城镇化问题》，《经济研究参考》2000 年第 71 期。

79. 韩太祥：《二元经济述评》，《安徽教育学院学报》1996

年第 1 期。

80. ［美］J. 费景汉等：《劳动力剩余经济的发展》，华夏出版社 1989 年版。

81. ［美］W. A. 刘易斯：《劳动力无限供给下的经济发展》，北京经济学院出版社 1989 年版。

82. 李慧：《我国小城镇建设中存在的问题与对策》，《陕西经贸学院学报》1999 年第 6 期。

83. 张桂蓉：《劳动就业中的政府行为分析》，《求索》1999 年第 5 期。

84. 程东来等：《农业产业化——乡镇企业新的经济增长点》，《咸宁师专学报》1999 年第 4 期。

85. 王文臣等：《关于信阳城乡经济一体化问题的思考》，《河南社会科学》1999 年第 5 期。

86. 于立等：《中国乡镇企业吸纳劳动力就业的实证分析》，《管理世界》2003 年第 3 期。

87. 李超等：《调整农业结构于发展区域经济》，《区域经济》2000 年第 5 期。

88. 蔡四青：《对我国劳动力市场的形成及其完善的分析》，《云南师范大学学报》1997 年第 3 期。

89. 周一星等：《抓住城市化新特点解决紧要问题》，《瞭望新闻周刊》2000 年第 1 期。

90. 中国人民银行长沙中心支行课题组：《工业化进程与金融支持研究——加快湖南工业化的金融对策研究》，《武汉金融》2001 年第 11 期。

91. 米增渝：《关于西欧农村工业界理论的评价及其启示》，《中国农业大学学报》（社会科学版）2001 年第 4 期。

92. 吴庆田等：《论我国乡镇集体企业产权制度改革的模式

选择》,《中南大学学报》(社会科学版) 2003 年第 1 期。

93. 许毅等:《农村建设小康社会的实现途径——学习党的十六大报告体会》,《中南财经政法大学学报》2003 年第 2 期。

94. 周加来:《城市化、城镇化、农村城市化、城乡一体化——城市化概念辨析》,《城市化道路》2000 年第 1 期。

95. [美] 保罗·克鲁格曼:《发展、地理学与经济地理论》,北京大学出版社 2000 年版。

96. 王新文:《城市化发展的代表性理论综述》,《中共济南市委党校学报》2002 年第 1 期。

97. 贾润林:《我国农村剩余劳动力转移的现状障碍及其对策》,《农业经济问题》2002 年增刊。

98. 邵来安:《我国农业剩余劳动力转移的障碍及对策》,《农业经济学》2001 年第 11 期。

99. 孙习稳:《试析我国农村剩余劳动力转移难题》,《中国地质矿产经济》2003 年第 2 期。

100. 谷永芬等:《我国农村富余劳动力转移与小城镇建设》,《学术交流》2003 年第 2 期。

101. 王建玲:《小城镇基础设施性质与多元化筹资思路》,《区域经济》2002 年第 5 期。

102. 张运生等:《关于农村剩余劳动力解决途径的探讨》,《人口与经济》2003 年第 2 期。

103. 黄土:《中国农村剩余劳动力转移的模式分析》,《信阳农业高等专科学校学报》2002 年第 3 期。

104. 国家统计局、劳动和社会保障部:《中国农村劳动力就业及流动状况研究报告》2000 年 7 月。

105. 宿静等:《中国农村剩余劳动力转移研究》,《山东省农业管理干部学院学报》2002 年第 6 期。

106. 左君善：《浅析欠发达地区农业剩余劳动力就业问题》，《德州学院学报》2002 年第 3 期。

107. 梅士建：《论乡镇企业和小城镇建设的协调发展》，《社会科学家》2000 年第 3 期。

108. 陈池波：《农村工业化进程中的问题透视与对策》，《农业现代化研究》1999 年第 1 期。

109. 葛正鹏：《论我国经济结构形态的转换与城乡工业化道路》，《浙江学刊》1995 年第 4 期。

110. 刘学功：《论农村工业的可持续发展》，《许昌师专学报》1999 年第 3 期。

111. 效民等：《欠发达地区农村工业化与小城镇发展关系再分析》，《地域研究与开发》2003 年第 2 期。

112. 李强：《影响中国城乡流动人口的推力与拉力因素分析》，《中国社会科学》2003 年第 1 期。

113. 段耀：《以乡镇企业促进农业产业化进程》，《内蒙古科技与经济》1999 年第 5 期。

114. 章玉钧：《论农村劳动力流动及其与城市就业的关系》，《理论与改革》1999 年第 5 期。

115. 曾以禹：《农村剩余劳动力转移的区域分流与产业分流》，《山地农业生物学报》2003 年第 1 期。

116. 甘露莹：《试析我国农村剩余劳动力战略转移新途径》，《经济师》2003 年第 1 期。

117. 孙连友：《农村剩余劳动力主要研究——制度因素对剩余劳动力转移的约束》，《河南纺织高等专科学校学报》2003 年第 1 期。

118. 盖志毅：《工业化与农业发展的耦合与协调——消除二元经济结构的基本思路》，《北方经济》2002 年第 3 期。

119. 包继刚：《中国三元经济结构中剩余劳动力的转移》，《云南财贸学院学报》1999 年第 3 期。

120. 刘慧：《论农村工业化与区域发展》，《农业现代化研究》2003 年第 1 期。

121. 张朝尊等：《中国农民的伟大创造：三元经济结构的形成和意义》，《经济理论与经济管理》1995 年第 1 期。

122. 徐平川等：《论中国三元经济结构的产生》，《昆明理工大学学报》2002 年第 4 期。

123. H. Tolosa and T. A. Rainer, The Economic Programming of a System of Planning Poles. *Economic Geography*, 1970, 46 (4).

124. John M. Levy. *Urban America Processes and Problems*. Prentice— Hill, Inc. , Upper Saddle River, New Jersey, 2000.

125. Wheeler J. , *Economic Geography*, John Wiley& Sons, Inc. , 1998.

126. Yeats, M. , *The North American City*, Harper and Row Publishers, New York, 1990.

127. John Pickles, *Ground Truth : the Social Implications of Geographic Information Systems*. New York: Guilford Press, 1995.

128. D. Gale Johnson, Agricultural adjustment in China: Problems and Prospects. *Population and Development Review*, 2000.

129. Justin Yifu Lin, Rural reforms and agricultural growth in China. *American Economic Review*, 1992 (3).

130. Dharma, Abhijit, Adela, Haber, Neural Network Model

for Rapid Forecasting of Freeway Link Travel Time. *Engineering Applications of Artificial Intelligence*, 2003, 16, 7—8.

131. Mugarula, N. , Mussa, R. N. , Evaluation of Truck Operating Characteristics on a Rural Interstate Freeway with Median Lane Truck Restriction. *Transportation Research Record*, 2003, 1856.

132. Wendel, K. Robert, Connecting the Communities: San Tan Freeway Moving Rapidly Through S. E. Valley. *Southwest Contractor*, 2004, 66, 6.

133. Hostovsky, C. Freeway Quality of Service: Perceptions from Tractor — Trailer Drivers. *Transportation Research Record*, 2003, 1852.

134. Abbas, K. A. , Professional practice: Environmental Assessment of Road Alignments Based on Multicriteria Scoping: A Case Study of Cairo—Ain Sukhna freeway. *Impact Assessment and Project Appraisal*, 2003, 21, Part 4.

135. Prassas. E. S. , McLeod. D. , Bonyani. G. , Freeway Planning Methodology, *Transportation Research Record*. 2003, 1852.

136. Chrobok. R. , Kottmeier. A. , Hafstein. S. F. , Schreckenberg. M. , Traffic Forecast in Large Scale Freeway Networks. *International Journal of Bifurcation and Chaos*, 2004, 14, 6.

137. Pack. M. L. , Smith. B. L. , Scherer. W. T. , Automated Camera Repositioning Technique for Video Image Vehicle Detection Systems: Integrating with Freeway Closed — Circuit Television Systems. *Transportation Research Record*, 2003,

1856.

138. Feldman, Bernard J., The Nimitz Freeway Collapse. *Physics Teacher*, 2004, 42, 7.

139. Everyday Places on the American Freeway System. *Journal of Cultural Geography*, 2004, 21, 2.

140. Li, Z. — l., Chen. W. — X., A Multi — agent Based Integrated Control Framework for Traffic Flow in Urban Freeway. *Information and Control*, 2004, 33, Part 2.

141. Figueiredo. L., Machado. J. A. T., Fractional — Order Dynamics in Freeway Traffic. *International Journal of Pure and Applied Mathematics*, 2004, 13, 2.

142. Sheu, Jiuh — Biing, A Sequential Detection Approach to Real — Time Freeway Incident Detection and Characterization. *European Journal of Operational Research*, 2004, 157, 2.

143. Minderhoud. M. M., Elefteriadou. L, Freeway Weaving: Comparison of Highway Capacity Manual 2000 and Dutch Guidelines. *Transportation Research Record*, 2003, 1852.

144. Hesse, Jennifer, Kuney Lands North — South Freeway Work. *Journal of Business* (Spokane), 2004, 19, 8.

145. Kim. J. — T., Courage, K. G., Washburn, S. S., Framework for Investigation of Level — of — service Criteria and Thresholds on Rural Freeways. *Transportation Research Record*, 2003, 1852.

146. Hafstein. S. F., Chrobok. R., Kottmeier. A., Schreckenberg. M., Mazur. F. C., A High — resolution Cellular Automata Traffic Simulation Model with Application in a Freeway Traf-

fic Information System. *Computer—Aided Civil and Infrastructure Engineering* (Formerly Microcomputers in Civil Engineering), 2004, 19, 5.

147. Schrag, Zachary M. , The Freeway Fight in Washington, D. C. : The Three Sisters Bridge in Three Sisters Bridge in Three Administrations. *Journal of Urban History*, 2004, 30, 5.

148. Martuzevicius Dainius, Grinshpun Sergey A. , Reponen. Tiina, Górny. Rafal L. , Shukla Rakesh, Lockey James, Hu Shaohua, McDonald Rafael, Biswas Pratim, Kliucininkas Linas, Le Masters Grace , Spatial and Temporal Variations of PM 2. 5 Concentration and Composition Throughout an Urban Area with High Freeway Density—the Greater Cincinnati Study. *Atmospheric Environment*, 2004, 38, 8.

149. Mohl, Raymond A. , Stop the Road: Freeway Revolts in American Cities. *Journal of Urban History*, 2004, 30, 5.

150. Yang. X. , Sun. Z. , Sun. Y. , A Freeway Traffic Incident Detection Algorithm Based on Neural Networks. *Lecture Notes in Computer Science*, 2004, 3174.

151. Konduri S. , Labi S. , Sinha K. C. , Incident Occurrence Models for Freeway Incident Management. *Transportation Research Record*, 2003, 1856.

152. Minerals on the Move Feldspar Freeways in Turkey. *Industrial Minerals*, 2004, 441.

153. Ni. D. , Leonard. J. D, Simulation of Freeway Merging and Diverging Behavior. Winter Simulation Conference. 2003, 2.

154. Thomas. K. , Development and Evaluation of Fractal Dimension Models for Freeway Incident Detection. *Road and Transport Research*, 2004, 13, Part 2.

155. Hu. M. − j. , Liu. G. − s. , Kong. L. − w, Expansive Soil Character Later Test Verification on Freeway Embankment Treatment. *Rock and Soil Mechanics*, 2004, 25, 9.

156. Higgins N. , List G. , Eisenman S. , Uncertainty Analysis for Two Freeway Sites. *Transportation Research Record*, 2003, 1852.

157. Lee. C. , Hellinga. B. , Saccomanno. F, Real − Time Crash Prediction Model for Application to Crash Prevention in Freeway Traffic. *Transportation Research Record*, 2003, 1840.

158. Golob Thomas F. , Recker Wilfred W. , Alvarez Veronica M, Freeway Safety as a Function of Traffic Flow. *Accident Analysis & Prevention*, 2004, 36, 6.

159. Wang Y. , Papageorgiou M. Predictive Feedback Routing Control Strategy for Freeway Network Traffic. *Transportation Research Record*, 2003, 1856.

160. Martin. R. L. , NUTS & BOLTS: "The stoplight on the freeway". *Hearing Journal*, 2004, 57, Part 4.

161. Tebaldi Claudia, West Mike, Kar Alan F. , Statistical Analyses of Freeway Traffic Flows. *Journal of Forecasting*, 2002, 21, 1.

162. Zwahlen H. T. , Russ A. , Rot J. M. , Effectiveness of Ground − Mounted Diagrammatic Advance Guide Signs for Freeway Entrance Ramps. *Transportation Research Record*, 2003, 1843.

163. Jiang. X. ， Adeli H. ， Clustering — Neural Network Models for Freeway Work Zone Capacity Estimation （Invited Article）. *International Journal of Neural Systems*，2004，14，3.

164. Internet Alerts Coming for Freeway Construction Delays. *Crain's Detroit Business*，2004，20，12.

165. Wang Yinhai，Nihan Nancy，Dynamic Estimation of Freeway Large—Truck Volumes Based on Single—Loop，Measurements. *Journal of Intelligent Transportation Systems*，2004，8，3.

166. Ishak S. ， Fuzzy—Clustering Approach to Quantify Uncertainties of Freeway Detector Observations. *Transportation Research Record*，2003，1856.

167. Carey. J. ， Semmens J. ， Impact of Highways on Property Values：Case Study of Superstition Freeway Corridor. *Transportation Research Record*，2003，1839.

168. Jiang X. ， Adeli H. ， Object—Oriented Model for Freeway Work Zone Capacity and Queue Delay Estimation. *Computer —Aided Civil and Infrastructure Engineering* （Formerly Microcomputers in Civil Engineering），2004，19，2.

169. Zhang Lei，Levinson. David，Optimal Freeway Ramp Control Without Origin — Destination Information. *Transportation Research*：Part B，2004，38，10.

170. Rice J. ， van Zwet. E. ， A Simple and Effective Method for Predicting Travel Times on Freeways. *IEEE Transactions on Intelligent Transportation Systems*，2004，5，3.

171. Cassidy M. J. ， Freeway On—Ramp Metering，Delay

Savings, and Diverge Bottleneck. *Transportation Research Record*, 2003, 1856.

172. Sarvi M. , Kuwahara. M. , Freeway Ramp Merging Phenomena in Congested Traffic Using Simulation Combined with a Driving Simulator. *Computer — Aided Civil and Infrastructure Engineering* (Formerly Microcomputers in Civil Engineering), 2004, 19, 5.

173. Bor Tun Co Conducts Simultaneous Trenchless Construction on $2 Billion Freeway Reconstruction Project. *Underground Construction*, 2004, 59, 3.

174. Kerner Boris. S. , Rehborn Hubert, Aleksic Mario, Haug, Andreas Recognition and Tracking of Spatial — Temporal Congested Traffic Patterns on Freeways, *Transportation Research*: Part C, 2004, 12, 5.

175. Figueiredo. L. , Machado. J. A. T. , Fractional — Order Dynamics in Freeway Traffic, *International Journal of Applied Mathematics*, 2003, 14, Part 4.

176. Nanthawichit C. , Nakatsuji T. , Suzuki. H. , Application of Probe — Vehicle Data for Real — Time Traffic — State Estimation and Short — Term Travel — Time Prediction on a Freeway. *Transportation Research Record*, 2003, 1855.

177. Baird M. , Cove L. , Horne F. , Jacobs. B. , Development of Tennessee's Freeway Service Patrol (HELP) Program. *Transportation Research Record*, 2003, 1856.

178. Zhu Z. , Chang. G. —l. , Numerical Analysis of Freeway Traffic Flow Dynamics for Multiclass Drivers. *Transportation Research Record*, 2003, 1852.

179. Wang Yibing, Papageorgiou Marko, Real—Time Freeway Traffic State Estimation Based on Extended Kalman Filter: A General Approach. *Transportation Research*: Part B, 2005, 39, 2.

180. Das Shantanu, Levinson, David, Queuing and Statistical Analysis of Freeway Bottleneck Formation. *Journal of Transportation Engineering*, 2004, 130, 6.

181. Zhang L. , McHale G. , Modeling and Validating Corsim Freeway Origin — Destination Volumes. *Transportation Research Record*, 2003, 1856.

182. Lee C. , Hellinga B. , Saccomanno F. , Proactive Freeway Crash Prevention Using Real — Time Traffic Control. *Canadian Journal of Civil Engineering*, 2003, 30, Part 6.

后 记

　　本著作源自 2000 年国家社会科学基金项目选题。在当年国家社会科学基金项目申报指南中，有农村城镇化和农村剩余劳动力转移的选题，我对这一问题有浓厚的兴趣却非研究专长。由于当时在交通系统高校工作，就想从交通这一较为独特的视角进行研究，于是在湖南省著名经济学家柳思维教授的亲切指导下，最终确定了《高速公路对我国农村工业化、城镇化、现代化的影响研究——兼论实现我国农村剩余劳动力转移的有效途径》的题目，由于选题较新、论证较好，获得了 2000 年国家社会科学基金的立项（项目编号为 00 CJY 018），这是我获得的第一个国家社会科学基金项目。

　　2000 年，我考取了南京理工大学经济管理学院博士研究生，国家社会科学基金项目自然成为博士论文的选题。其时高速公路经济研究还是一个较新的领域，就高速公路对我国农村发展的影响进行集中、专门的研究更是一个全新的研究领域。在导师韩玉启教授的精心指导下，我就这一选题进行了较深入、系统的研究，形成了较有理论价值和实践意义的完整的成果。读博期间，导师高尚的人品、渊博学识和严谨的治学态度深深地感染了我，成为我顺利完成博士论文的最大鞭策和动力。2004 年以博士论文为基础申报湖南省第八届优秀社会科学学术著作出版资助，获得通过。此次出版的著作，就是获得资助出版的著作，也是在博士论文基础上充实和修改而成的著作。另外，本著作的进一步修改和出版过程中，我入选为教育部"新世纪优秀人才支持计划"人选，因此著作的出版亦获得了教育部"新世纪优秀人才支持计划"的资助（编号：NCET－08－0681）。

在成果研究和著作撰写过程中，我国著名交通经济研究学者、北京交通大学荣朝和教授，湖南商学院党委书记欧阳峣教授、首席教授柳思维教授，湖南师范大学刘茂松教授，湖南省社会科学研究院罗波阳研究员，湖南省高速公路管理局党委书记冯伟林先生、贺定光研究员等给予了真诚的关心、指导和支持。长沙理工大学党委副书记甘均良研究员、交通经济研究所所长周正祥教授等参与研究并提出了中肯的意见。我的研究生陈修谦、孙鹏、罗霞、刘鑫、赵朝智、范春梅等同学积极参加了资料收集和部分研究工作，特别是陈修谦博士在调查研究过程中付出了大量的心血。中国社会科学出版社曹宏举副总编、王曦编辑等对本书的出版也寄予了关心和帮助。在此一并致以诚挚的谢忱！

我还要深深感谢我的妻子袁洁女士，从我们相识至今，她与我风雨相伴，默默地关心和支持我，受苦受累亦毫无怨言。我也要谢谢我的女儿，是她给予了我无穷的欢乐和动力！

此外，在研究和撰稿中参阅了许多国内外同人的研究成果，由于疏忽有可能未在书中一一加以注明，在此表示真诚的歉意和谢意！

本书的研究只是初步的探索，谬误在所难免，敬请读者批评指正！

夏飞

2009 年 5 月于长沙